C.H.BECK WISSEN

in der Beck'schen Reihe

Das Imperium Romanum war ins Wanken geraten; an allen Grenzen drängten Barbaren auf das im Laufe der Jahrhunderte überdehnte Territorium des Weltreichs. Daraufhin zogen die Kaiser aus den fernsten und strategisch weniger wichtigen Provinzen ihre Truppen ab und verlagerten sie an die Brennpunkte des militärischen Geschehens – in der Hoffnung, in besseren Zeiten wieder zurückkehren zu können. Nicht anders verlief die Entwicklung im 5. Jahrhundert in Britannien, und wie anderswo, so sollte sich auch dort der Gedanke an Rückkehr nur als frommer Wunsch erweisen. In das entstehende Machtvakuum und die vorhandenen Strukturen drängten neue Siedler vom Kontinent. «Sie kamen aus drei sehr mächtigen Völkern, nämlich den Sachsen, den Angeln und den Iutae.» So schreibt der gelehrte Mönch Beda im 8. Jahrhundert über jene Gruppen, die sich damals in Britannien ausbreiten und ihre Sprache und Sitten, ihre Herrschaft und Rechtsbräuche mitbrachten.

Harald Kleinschmidt erzählt in diesem kleinen Buch die Geschichte der Angelsachsen und entwirft ein detailreiches und lebendiges Bild ihres Aufstiegs und ihrer gesellschaftlichen Entwicklung bis zu jenem historischen Wendepunkt 1066, als die Normannen unter Wilhelm dem Eroberer die namengebenden Vorfahren der heutigen Engländer unterwarfen.

Harald Kleinschmidt ist Mediaevist und lehrt seit 1989 als Professor für Geschichte der internationalen Beziehungen an der Universität Tsukuba und als Gastdozent an der International University of Japan.

Harald Kleinschmidt

DIE ANGELSACHSEN

Verlag C.H.Beck

Mit je einer Karte auf dem vorderen und hinteren Vorsatz
(Gefertigt von Peter Palm, Berlin)

Originalausgabe

Satz, Druck u. Bindung: Druckerei C.H.Beck, Nördlingen
Umschlagmotiv: Helm von Sutton Hoo, 7. Jh., London,
British Museum, © akg-images, Berlin
Umschlagentwurf: Uwe Göbel, München
Printed in Germany
ISBN 978 3 406 62137 6

www.beck.de

Inhalt

I. Überblick über die politische Geschichte der Angelsachsen

1. Das römische Britannien zerfällt

Der Befehl kam von höchster Stelle, direkt aus der Zentrale im fernen Rom. In Britannien, einer Insel am Westrand des Römischen Reichs der Antike, löste er Unruhe aus. Kaiser Honorius ließ seine Untertanen in den fernen Provinzen Britanniens wissen, er habe angeordnet, seine Legionen abzuziehen und an andere Standorte zu verlegen. Eine vorübergehende Maßnahme sei dies, zur Bekämpfung von Gefahren an anderen Enden des Reichs. Die Truppen würden wiederkommen, versicherte der Kaiser. Bis dahin sollten die Britannier für ihre Verteidigung selbst sorgen. Es war das Jahr 408.

In der Tat brannte es damals an vielen Ecken und Enden des Römischen Reichs. Aus Gegenden jenseits der befestigten Grenzen kamen Leute, die sich auf römischem Boden niederlassen wollten. Andere, die früher gekommen waren und dort schon siedelten, zeigten sich unzufrieden mit ihrer Versorgung und revoltierten gegen geringe Bezahlung. Es sah so aus, als könnten die vielen Migranten den Bestand des Reichs gefährden, und so galt es, Krieg gegen sie zu führen. Aber der Kaiser hatte zu wenige Legionäre, auch zu wenig Steuermittel, um das Geld für die Verpflichtung von Söldnern zahlen zu können. In Britannien war es hingegen gerade einigermaßen ruhig. Die Insel hatte eine geordnete Verwaltung und schien ohne militärischen Beistand auskommen zu können, vorerst – wie es den Anschein hatte. Vielleicht hegte Kaiser Honorius tatsächlich die Hoffnung, seine Legionäre würden schnell Herr der Lage werden, wie schon so oft zuvor. Dass es auch in Britannien bald schlimmer kommen würde, ahnte er nicht.

Und es kam schlimmer. In Rom und in Britannien. Schon im Jahr 410 gelangten Kriegergruppen, aus dem Nordosten des

Reichs kommend, nach Italien und zogen gegen Rom. Nach der Abstammungsgruppe ihres Anführers, eines gewissen Alarich, hießen sie zunächst Visigoten, dann Westgoten. Alarich drang durch die starken Mauern der Ewigen Stadt und gab sie seinen Truppen zur Plünderung frei. Für Rom und noch mehr für das Reich begannen unruhige Zeiten. An eine Rückkehr römischer Legionäre nach Britannien war nicht mehr zu denken.

Auch dort wurde es allmählich ungemütlich. Römische Truppen hatten die Provinzen mit Militärlagern überzogen, von denen manche auch als Zentren der zivilen Verwaltung dienten. Einige Punkte an den Küsten der Nordsee und des Ärmelkanals hatten sie seit dem 4. Jahrhundert befestigt gegen Piraten, für die der allgemeine Name Sachsen im Gebrauch stand. Im Amtsrömisch hieß das Befestigungssystem *Litus Saxonicum*, die Sachsenküste. Die Mauern blieben vorerst stehen – von einigen sind bis heute eindrucksvolle Reste erhalten geblieben, so in Pevensey am Ärmelkanal östlich von Portsmouth. Aber nach dem Truppenabzug dienten dort nur noch wenige Soldaten, so dass die Piraten wieder ohne größere Gefahren für sie selbst plündern konnten. Schmerzhafter noch als die Nadelstiche der sächsischen Piraten waren für die Bewohner des römischen Britannien die wirtschaftlichen Folgen des Truppenabzugs. Denn mit den Legionären verließen auch die römischen Steuerbeamten die Insel, die Geld zur Unterhaltung der Truppen verteilten. Dieses Geld stammte zwar zu einigen Teilen aus den Provinzen selbst, zu anderen aber auch aus der Zentrale. Der Zufluss an Geld aus Rom blieb nun aus, zum Nachteil der britannischen Wirtschaft. Handwerk und Handel hatten das Nachsehen, in den zu Städten angewachsenen Militärlagern herrschte Krise. Honorius hatte kein soziales Netz hinterlassen und schon gar keine Vorsorge für Notzeiten getroffen. Da die Bewohner der Städte mit Verwaltung, Handwerk und Handel ihr Geld verdient hatten, brachen nunmehr die wirtschaftlichen Grundlagen für das Leben in vielen Städten weg. Wer konnte, zog als Gutsherr aufs Land, wer nicht, richtete sich zwischen den allmählich verfallenden Gebäuden ein und betrieb Ackerbau. Die Städte verödeten zu Steinbrüchen für neue Gebäude irgendwo. Zentrale Regierung und Verwaltung für die Provinzen verschwanden, örtliche Herrschaftsträger übernahmen die Kontrolle der noch bestehenden Herrschafts- und Verwaltungseinrichtungen. Lokale Christengemeinden blieben bestehen, aber die zentrale Kirchenorganisation für Britannien brach zusammen. Über einigen Fernstraßen, manchen Straßen und Theatern in den Städten wuchs langsam Gras.

Völlig verarmten die Provinzen dennoch nicht, sondern blieben attraktiv für Leute vom Kontinent jenseits des Kanals. Einige der örtlichen römisch-britischen Herrschaftsträger behielten genug Einkünfte, um Söldner vom Kontinent anzuwerben – jene Piraten eben, die früher auf Amtsrömisch Sachsen geheißen hatten. Wie dies genau geschah, ist unbekannt, bekannt aber ist das Resultat: Bereits aus der Zeit um die Mitte des 5. Jahrhunderts sind in der Nachbarschaft noch bestehender Römerstädte, wie etwa in Winchester, Gräberfelder nachweisbar, in denen Siedler kontinentaler Herkunft, offenbar Söldner, bestattet wurden. Um dieselbe Zeit entstand auch ein spezieller Stil für die Ausrüstung dieser Söldner. Sie trugen Gürtel mit großen Schnallen, die reich verziert waren – römische Vorbilder nachahmend und doch neu im Stil. Offenbar hatten römisch-britische Herrschaftsträger sie zur Ausrüstung von Söldnern kontinentaler Herkunft speziell anfertigen lassen. Insbesondere im Südosten Britanniens wurden einige dieser Schnallen verstorbenen Söldnern mit ins Grab gegeben. Diese Gegend hieß schon in römischer Zeit Cantia. Der Name blieb und lautet heute Kent. Dort erhielten sich Teile der römischen Infrastruktur mit Fernstraßen, Verwaltungseinrichtungen und Villen, wie etwa bei Eastry. Diese Söldner in Dienst zu stellen war allem Anschein nach einfacher, als sie zu kontrollieren. Mehr als einmal scheinen während des 5. und 6. Jahrhunderts einzelne Trupps gegen die örtlichen britischen Herrschaftsträger revoltiert zu haben. Dennoch stützen archäologische Funde keineswegs die allgemeine Behauptung, der sich auch der Benediktinermönch und Historiker Beda (um 675–735) verschrieb, dass nämlich das Römische Reich in Britannien gewissermaßen in einer großen Katastrophe zusammengebrochen sei. Im Gegenteil legen archäologische Funde den Schluss nahe, dass mindestens in Teilen Britanniens und während des 5. Jahrhunderts Herrschaftsinstitutionen fortbestanden und örtliche britisch-keltische Gruppen mit Siedlern kontinentaler Herkunft vielfältige Formen von Zusammenarbeit pflegten.

Auch aus dem Norden der Insel jenseits der Mauer, die Kaiser Hadrian im 2. Jahrhundert hatte errichten lassen, blickten manche Leute ins römische Britannien, die in der Sprache der Zeitgenossen Pikten hießen. Einige von ihnen bewaffneten sich und wollten offenbar jene Teile Britanniens unterwerfen, in denen nach dem Abzug der römischen Legionäre keine militärische Organisation mehr bestand. So gerieten mancherorts Angehörige der britisch-keltischen Bevölkerung im Zeitraum zwischen den 420er und den 450er Jahren zwischen die Fronten. Einige von ihnen entschlossen sich zu einem außergewöhnlichen Schritt und richteten ein Bittgesuch an einen Militärherrscher namens Agitius in Gallien auf der anderen Seite des Ärmelkanals. In ihrem Schreiben klagten sie beredt über ihre Lage: Von Süden kämen lauter grausame Piraten und Söldner, die Mord und Schrecken verbreiteten. Von Norden kämen die Pikten in der Absicht, sie ins Meer zu treiben. Da hätten sie nur die Wahl, sich massakrieren zu lassen oder zu ertrinken. Sie benötigten dringend Truppen zu ihrer Verteidigung, flehten sie. Wer dieser Agitius war, ist nicht ganz klar. Vielleicht ist der Name ungenau überliefert, und es verbirgt sich dahinter jener Heerführer Aetius, der im Jahr 453 auf den Katalaunischen Feldern den Hunnen Attilas schwer zugesetzt hatte. Jedenfalls gelangte aus Gallien keine Antwort nach Britannien, und die britisch-keltische Bevölkerung blieb auf sich allein gestellt.

Was in den etwas mehr als hundert Jahren zwischen der Mitte des 5. und der Mitte des 6. Jahrhunderts in Britannien geschah, ist nicht genau bekannt. Für die Zeit zwischen dem 5. und dem 7. Jahrhundert liegen nur sehr wenige zeitgenössische Schriftzeugnisse vor. Ein wortkarger Chronist aus Gallien, wohl des 5. Jahrhunderts, meldet beispielsweise einen Aufstand in Britannien, den er in das Jahr 452 datiert. Doch was da genau und mit welchen Konsequenzen geschah, sagt er nicht. Zwar kann die Archäologie manchen Vorgang aufhellen, bietet aber längst nicht auf jede Frage eine schlüssige Antwort. Immerhin liegen sichere archäologische Hinweise auf die Siedlungstätigkeit von Leuten vom Kontinent für das frühe 5. Jahrhundert vor und werden für die Zeit seit der Mitte dieses Jahrhunderts auch dichter: Die datierbaren Grab- und Siedlungsfunde konzentrieren sich auf die Nordsee- und Ärmelkanalküste, die Täler schiffbarer Flüsse wie Themse, Trent, Avon und Humber sowie auf Gegenden, die durch Römerstraßen erschlossen waren. Während des 6. Jahrhunderts scheinen in einigen Gegenden, insbesondere an der Ärmelkanalküste und im oberen Themsetal, zentrale Orte, wie der Römerort Dorchester, unter der Kontrolle der Neusiedler gestanden zu haben.

In der zweiten Hälfte des 6. Jahrhunderts schrieb ein gelehrter christlicher Mönch namens Gildas seine Gedanken über Britanniens Schicksal nieder – im Rückblick ein Untergang, den er auf das sündige Handeln insbesondere der örtlichen britischen Herrschaftsträger zurückführte. In den ins Land gerufenen heidnischen sächsischen Söldnern erkannte er Werkzeuge des Teufels. Sie hätten sich gegen ihre Dienstherren gestellt, die britisch-keltische Bevölkerung mit Krieg überzogen und schließlich selbst die Herrschaft an sich gerissen. Lediglich ein gewisser Ambrosius Aurelianus sei den verhassten Sachsen entgegengetreten und habe sie am Mons Badonicus besiegt. Wo dieser Berg lag und wann die Schlacht stattgefunden hatte, sagt Gildas nicht, sondern jammert darüber, dass andere Herrschaftsträger es dem Aurelianus nicht gleichgetan hätten. Stattdessen seien immer mehr Sachsen nach Britannien gekommen, und immer häufiger habe es Krieg gegeben. Archäologische Funde und Ortsnamen belegen immerhin, dass zwischen der Mitte des 5. und der Mitte des 6. Jahrhunderts Verbände vom Kontinent nach Britannien zogen. Aber wie viele Leute kamen und wie viel Krieg es gab, lässt sich im Halbdunkel dieser fernen Zeit nicht mehr erkennen.

Noch einmal etwas mehr als einhundert Jahre später hatte sich die politische Landschaft in Britannien stark verändert: Den 670er Jahren entstammen die ersten Aufzeichnungen von Menschen, die nicht länger Namen britisch-keltischen, sondern kontinentalen Ursprungs tragen. Im Süden, Osten und im Zentralgebiet Britanniens gerieten damals die Namen vieler römischer Städte und andere Ortsnamen in Vergessenheit, wurden abgeschafft oder umgebildet. Aus Dorovernum Cantiacorum wurde Canterbury, aus Eboracum York, aus Venta Belgarum Winchester. Zu den wenigen Ortsnamen, die nahezu unverändert erhalten blieben, gehört Londinium, heute London. Dass mit dem Namen auch die Stadt tatsächlich erhalten blieb – im Sinne einer Siedlungskontinuität –, ist damit allein noch nicht gesagt. Britisch-keltische Namen aus römischer Zeit erhielten sich hingegen, abgesehen von kleinen Enklaven hier und da: nur im äußersten Westen in denjenigen Teilen Britanniens, die heute Cornwall und Wales heißen, in Teilen der heutigen Grafschaft York sowie nördlich des Firth of Forth. Flussnamen jedoch blieben bis heute überall britisch-keltisch geprägt, nicht zuletzt der Name der Themse – Flussnamen zeichnen sich häufig durch großes Beharrungsvermögen aus. Außerhalb Kents waren am Ende des 7. Jahrhunderts römische Herrschafts- und Verwaltungseinrichtungen kaum mehr erkennbar: An deren Stelle figurierten fortan sogenannte Königreiche mit neuen, nicht systematisch von einer übergeordneten Behörde geprägten Namen.

2. Territorien und Königreiche

Eines dieser neuen Königreiche, nördlich des Humberflusses gelegen, trug bis ins 8. Jahrhundert den in der römischen Antike nicht belegten Namen Bernizien, der von einem britisch-keltischen Gruppennamen abgeleitet war. Die dort nachgewiesenen Könige hingegen hatten aber kontinentale Namen, wie zum Beispiel Æthelfrith oder Oswald. Auch der Name des zweiten nordhumbrischen Königreichs Deira war britisch-keltischen Ursprungs, während die dort herrschenden Könige, wie zum Beispiel Ælle, ebenfalls durch ihre Namen als Leute vom Kontinent ausgewiesen waren. An der Wende zum 8. Jahrhundert vereinigten sich beide Königreiche und hießen nunmehr Nordhumbrien. Dieser Name bezog sich auf das Gesamtgebiet zwischen Humber und Firth of Forth, unter Einschluss britisch-keltischer Herrschaftseinrichtungen, die, wie etwa in Elmet, im Westteil bis an die Wende zum 8. Jahrhundert überdauert zu haben scheinen. Zentralort war die Römerstadt York, die auch Zentrum zunächst eines Bistums, seit 735 gar eines Erzbistums wurde.

Das Gebiet zwischen Humber und Themse umschloss die Königreiche Merzien, Lindsey, Mittelanglien, Ostanglien, Essex, der Hwicce und der Magonsæte. Der Name Merziens im West- und Zentralteil dieser Landschaft ist vom Wortstamm Mark abgeleitet und bedeutete erst einmal Randständigkeit. Vermutlich war der Name zunächst eine Fremdbezeichnung, die erst für das Königreich übernommen wurde, nachdem die ursprüngliche Bedeutung vergessen worden war. Die Namen einiger merzischer Könige, wie zum Beispiel Penda, waren britisch-keltischer Herkunft. Unter welchem Blickwinkel Merzien und seine Bewohner zunächst randständig zu sein schienen, bleibt unklar. Östlich an Merzien grenzend lag das kleine Königreich Lindsey, dessen Vorort der Römerort Lincoln war und für das ein eigenes Bistum bestand. Seine Könige trugen Namen kontinentaler Herkunft. Während des 8. Jahrhunderts geriet es unter merzische Vorherrschaft. Das geschah auch mit dem Königreich der Mittelanglier, die südöstlich des merzischen Kerngebiets siedelten. Die Königreiche der Ostsachsen in Essex und der Ostanglier hingegen blieben selbständig. Diese Königreiche selbst wie auch ihre Könige trugen sämtlich Namen kontinentalen Ursprungs. Ostanglien reichte im Norden bis an die Washbucht, Essex im Süden bis zur Themse. Die Grenze zwischen Ostanglien und Essex war an keinen Flusslauf gebunden. Stadt und Bistumssitz London unterstanden der Herrschaft der Könige von Essex. Westlich von Merzien schließlich lagen das Königreich der Hwicce um den Römerort und Bistumssitz Worcester und das der Magonsæte um den Bistumssitz Hereford. Beide Königreiche gerieten am Ende des 7. Jahrhunderts unter merzische Vorherrschaft. Weiter im Westen hielten sich vorerst britisch-keltische Herrschaftsträger, von denen einige den Königstitel führten und mit ihren Nachbarn im Osten in kriegerische Konflikte verwickelt gewesen zu sein scheinen. Vermutlich deswegen ließen merzische Könige wohl während des 8. Jahrhunderts im Grenzbereich einen Erdwall errichten, der von der Nord- bis zur Südküste reichte und über weite Strecken noch heute sichtbar ist.

Südlich der Themse lagen die Königreiche Wessex, Sussex, Surrey und Kent. Wessex umfasste den Westteil des Gebiets zwischen Themsetal und Kanalküste, zunächst ohne die britisch-keltisch geprägten Gegenden von Devon und Cornwall im Westen. Das Königreich Wessex hatte seinen ersten Zentralort im oberen Themsetal im Römerort Dorchester, das auch Sitz eines für das Gebiet von Wessex eingerichteten Bistums wurde. Sowohl das Zentrum der weltlichen wie auch der kirchlichen Herrschaft ließen die Könige von Wessex um die Mitte des 7. Jahrhunderts nach Süden an den Römerort Winchester verlegen.

Einige westsächsische Könige trugen Namen britisch-keltischen Ursprungs, wie beispielsweise Cædwalla. Devon blieb vermutlich bis ins 7. Jahrhundert unter dem Namen Dumnonia ein selbständiges Königreich, geriet aber im Verlauf des 8. Jahrhunderts unter westsächsische Kontrolle, Cornwall verlor im 9. Jahrhundert seine Selbständigkeit. Östlich des Southampton Water, im mittleren Bereich der Kanalküste, stand ein Küstenstreifen unter der Kontrolle der Herrscher von Sussex, von denen einige den Königstitel trugen. Das Gebiet unter ihrer Kontrolle, zunächst mit dem Bistumsvorort Selsey, dann Chichester, grenzte im Norden an Wessex, im Osten an Kent, von denen es noch im 7. Jahrhundert durch größere Waldflächen getrennt gewesen zu sein scheint. Sussex geriet im späteren 7. Jahrhundert zuerst unter merzische, dann unter westsächsische Vorherrschaft, konnte aber seine Selbständigkeit bis an das Ende des 8. Jahrhunderts erhalten. Das Königreich Surrey unterstellten merzische Könige bereits am Ende des 7. Jahrhunderts ihrer Oberherrschaft. Schließlich blieb das Königreich Kent, seit dem Jahr 597 mit dem Erzbistum Canterbury, bis in das 9. Jahrhundert selbständig, obschon dort an der Wende vom 7. zum 8. Jahrhundert abwechselnd Herrscher aus Wessex, Essex und Ostanglien sowie während des 8. Jahrhunderts auch der König von Merzien Einfluss ausübten. Gemeinsames Kennzeichen aller Königreiche des Südthemsegebiets, außer dem kleinräumigen Surrey, war, dass sie während des 6. und 7. sowie zu Beginn des 8. Jahrhunderts mehreren, die Herrschaft unter sich teilenden Königen unterstellt waren oder gewesen zu sein scheinen. Außer in Wessex trugen alle Könige des Südthemsegebiets Namen kontinentalen Ursprungs.

Das so umrissene Gebiet war kein alleiniger Siedlungsraum jener Gruppen, die während des 5. und 6. Jahrhunderts vom Kontinent nach Britannien gezogen waren, sondern auch noch von Gruppen der britisch-keltischen Bevölkerung. Gleichwohl kam um 700 für die Bewohner dieses Gebiets der gemeinsame Doppelname der Angeln und Sachsen oder auch Angelsachsen auf. Dass die britisch-keltische Bevölkerung diesen Namen nicht von Anfang an führte, liegt auf der Hand; aber auch eine ältere, gemeinsame Selbstbezeichnung der Siedler kontinentaler Herkunft ist nicht bekannt. Unbekannt ist auch, ob überhaupt und, sofern ja, welche Gruppen unter den Siedlern kontinentaler Herkunft anfangs den Doppelnamen der Angelsachsen oder einen seiner beiden Bestandteile getragen hatten.

3. *Mission und Kirchenorganisation*

In den Jahren zwischen 476 und 481 war die Herrschaft der römischen Kaiser auch über die Stadt Rom selbst, Italien und die Westprovinzen des Reichs zusammengebrochen. Reste der kaiserlichen Verwaltung bestanden zunächst außerhalb Britanniens unter Herrschaftsträgern fort, die den Königstitel führten, so in Gallien und auf der Iberischen Halbinsel. Seit Ende des 6. Jahrhunderts traten die Päpste als Bischöfe von Rom immer öfter als Herren der Ewigen Stadt auf; die katholische Kirche trug Tradition und Ideologie des Römischen Reichs aus der Antike weiter. Darin einbeschlossen war die Vorstellung, Rom solle als Zentrum wiedererstehen, wenn nicht unter kaiserlicher, so doch unter christlich-kirchlicher Herrschaft. Die Aussendung römisch-katholischer Missionare nach Britannien, zunächst nach Kent, durch Papst Gregor I. (590–604) im Jahr 597, folgte daher einem Programm, das die Festigung der katholischen Kirche mit der Errichtung christlich-kirchlicher Herrschaft über Britannien verband. Gregor wollte die Katholisierung Europas, die seine Vorgänger fast genau einhundert Jahre zuvor unter den Franken – maßgeblich verbunden mit deren König Chlodwig – in Gallien eingeleitet hatten, auf Britannien ausdehnen. Dabei war ihm bekannt, dass Britannien bereits zum Zeitpunkt des Befehls des Kaisers Honorius christlich gewesen war und dass sich das Christentum dort in einigen Teilen, insbesondere in Wales, Cornwall und Irland, erhalten hatte. Der Kleriker Augustinus, der als Missionserzbischof auf Gregors Geheiß nach Canterbury kam, und seine Helfer wussten somit, dass unter der britisch-keltischen Bevölkerung manche Gruppen christlich geprägt waren. Augustin jedoch kümmerte sich nicht um diese Gemeinden, deren Basis große Klöster waren, sondern schuf eine völlig neue, auf Rom ausgerichtete und auf Bistümer gründende Kirchenorganisation mit dem Erzbistum Canterbury an der Spitze.

Die Mission in Britannien zielte zudem ausdrücklich auf die Siedler kontinentaler Herkunft, in denen Papst Gregor I. Heiden ausgemacht hatte. Seine Kanzlei bezeichnete sie insgesamt als Angeln und schuf damit den ersten schriftlichen Beleg des Angeln-Namens im Hinblick auf Britannien. Diese sogenannten Angeln wollte Gregor mit der Mission auch der direkten Kontrolle der katholischen Kirche unterstellen. Dabei störte jedoch die dezentrale Organisation der britisch-irischen Kirche. Mit seinem Missionsprogramm nahm der Papst in Kauf, dass es zur Konkurrenz seiner Missionare mit denen der britisch-irischen Kirche kommen musste, die sich selbst der Mission in Britannien wie auch auf dem Kontinent verschrieben hatten.

Wie die römisch-katholische Mission in Britannien ablief, ist aber erst aus Darstellungen des frühen 8. Jahrhunderts bekannt, nachdem der größte Teil Britanniens bereits katholisch geworden war. Den weitaus wichtigsten Bericht lieferte der nordhumbrische Mönch Beda. Seiner eigenen Aussage nach schloss er ihn im Jahr 731 ab. In seinem Rückblick erzählt Beda vom Aufbau der katholischen Kirche in Britannien im Stil einer Erfolgsgeschichte, in die er Schilderungen der Entstehung der nachrömischen Königreiche einwob. Für Beda war die katholische Kirche die Welt, in die sich Herrschaftsträger einzuordnen hatten, gleichgültig, welche Titel sie führen mochten. In dieser Welt konnte es keine dauerhaften, von Menschen gesetzten Grenzen geben, was freilich eine gelehrte Konstruktion des 8. Jahrhunderts war, die nur bedingt auf die politischen Gegebenheiten des 6. und 7. Jahrhunderts zugetroffen zu haben scheint. Andere, wohl nordhumbrische Berichte aus Bedas Lebenszeit schildern heftige Auseinandersetzungen um Gründungen von Erzbistümern und Bistümern und handeln von Rivalitäten unter Missionaren. Auch der Zentralismus römisch-katholischer Kirchenherrschaft über Britannien ist zunächst einmal weitgehend Theorie geblieben. Denn die Könige und andere einflussreiche Persönlichkeiten setzten sich in die Lage, auf eigene Rechnung Priester zu bestellen und eigene Kirchen sowie ganze Klöster zu gründen, die weder dem Papst noch einem Erzbischof oder Bischof unterstellt waren, sondern den Geboten ihrer Gründer folgten. Einige Abkömmlinge aus einflussreichen Familien wie der Abt Aldhelm von Malmesbury stiegen indes schon im 7. Jahrhundert zu Bischöfen auf.

Um 700 bestand unter der kirchlichen Zentralherrschaft des Erzbischofs von Canterbury in den Königreichen von Nordhumbrien, Merzien, Lindsey, Ostanglien, Essex, Wessex, Sussex und Kent jeweils mindestens ein Bistum in Hexham, York, Lichfield, Lincoln, Hereford, Worcester, Winchester, Sherborne, Selsey/Chichester und London. Nur für Ostanglien ist in dieser Zeit kein fester Bistumsvorort belegt. An diesen Grundstrukturen der kirchlichen Organisation und der Königreiche änderte sich im Verlauf des 8. Jahrhunderts vergleichsweise wenig. Beda vermittelt den Eindruck, als habe zu Beginn des 7. Jahrhunderts eine Art kentischer kirchlich-weltlicher Vorherrschaft bestanden, die in der Mitte desselben Jahrhunderts auf die Kirche und die Könige von Nordhumbrien überging. Schon an der Wende zum 8. Jahrhundert traten jedoch die merzischen Könige an die Stelle der Nordhumbrier, ohne dass Beda davon berichtet. Die Gründung des Erzbistums York nach langwierigen Verhandlungen in seinem Todesjahr 735 konnte der Mönch nicht mehr beschreiben. Deren Folge war die Teilung der römisch-katholischen Kirchenorganisation mit dem Humber als Grenzlinie. Am Ende des 8. Jahrhunderts bestand ein kurzlebiges Erzbistum in Lichfield, das die besondere Machtstellung des merzischen Königs und Klerus zu dieser Zeit belegt.

4. Von den Wikingern bis zur Schlacht von Hastings

Diese Epoche merzischen Vorrangs fand jedoch kurz vor Beginn des 9. Jahrhunderts ein jähes Ende. Zeitgenossen brachten es mit dem Treiben bewaffneter Trupps aus dem Norden Europas in Verbindung, die an der Nordseeküste Britanniens erschienen waren. Im Jahr 793 zerstörten sie das nordhumbrische Kloster Lindisfarne, das der irische Mönch Aidan zu Beginn des 7. Jahrhunderts gegründet hatte. Auch andere geistliche Gemeinschaften, insbesondere in Nordhumbrien, Merzien und Ostanglien, wurden in der Folge Opfer dieser Leute, die die Bewohner Britanniens Wikinger nannten. Ob sie wirklich jene Landplage waren, als die sie viele Zeitgenossen seit dem späten 8. Jahrhundert immer wieder beschrieben, bleibe dahingestellt. Schon um 800 hingegen verfestigte sich der Glaube der Zeitgenossen, eine zürnende Gottheit habe die gottlos erscheinenden Wikinger als Strafe für das sündhafte Leben der Inselbewohner gesandt. An der Wende zum 9. Jahrhundert basierte dieser Glaube aber auf anderen Voraussetzungen als zu den Zeiten des Mönchs Gildas. Während jener politisch argumentiert und die Herrschaftsträger seiner Gegenwart heftig kritisiert hatte, zielte die Kritik am verkommenen Leben im 9. bis 11. Jahrhundert weniger auf die Könige dieser Zeit, sondern auf die Zustände in kirchlichen Einrichtungen, insbesondere auf die Lebensführung der Mönche und Nonnen in Klöstern. Diese seien zu Orten süßen und unbekümmerten Lebens ohne festen Glauben verkommen, schalt um 800 der gelehrte Abt Alkuin des Klosters Sankt Martin in Tours die Glaubensbrüder seiner nordhumbrischen Heimat. Da sei es gerechte Strafe, dass Gott die Wikinger die Klöster habe verwüsten lassen, meinte er und mahnte Reformen des Klosterlebens an. Wahrscheinlich übertrieb Alkuin stark. Die Wikinger selbst sahen sich kaum als sittenlose Raufbolde, sondern eher als waghalsige Seefahrer, die aus Skandinavien fernen Gestaden zustrebten, sei es als Kaufleute und Städtegründer, sei es als Herrscher. Als Kaufleute gelangten sie bis nach Bagdad, als Herrscher und Siedler bis nach Island und Grönland, an die Ostküste Kanadas, nach Russland, ins Frankenreich und nach Sizilien. Wehrhaft waren sie gewiss und durchaus in der Lage, ihren Wünschen bei Bedarf militärisch Nachdruck zu verleihen. Aber Berserker mit einer Lust auf rohe Gewalt waren wohl die wenigsten. Jedenfalls hinterließen sie in Skandinavien Runensteine, die noch heute von ihren Ängsten zeugen.

Indes fanden die Könige von Kent, Sussex, Essex, Ostanglien und Nordhumbrien, schon geschwächt durch merzische Vorherrschaft, keine geeigneten Mittel zur Verteidigung gegen die Wikinger, die im Verlauf des 9. Jahrhunderts ihre Expeditionen besser vorbereiteten und koordinierten. Auch die merzischen Könige erlagen schließlich im 9. Jahrhundert den Angriffen der Wikinger, nachdem sie sich auf eine für sie ungünstig verlaufende Konfrontation mit den Königen von Wessex eingelassen hatten. Diese stiegen im Abwehrkrieg gegen die Wikinger zur Vormacht in Britannien auf, mit tatkräftiger Unterstützung der fränkischen Könige jenseits des Ärmelkanals, die sich mit ihnen verschwägerten. In den 870er Jahren, glaubt man der westsächsischen Propaganda, spitzte sich die Lage dramatisch zu. Demnach sollen die Wikinger gewaltige Heere aufgestellt und die Absicht zur Unterwerfung ganz Britanniens gehegt haben. Nur da die angeblich so stark bedrängten Bewohner Britanniens sich allesamt hinter dem westsächsischen König Alfred versammelten, sei ein Sieg über die Wikinger möglich gewesen. Das Bündnis Alfreds mit seinen Untertanen sei erfolgreich gewesen. Alfred besiegte schließlich im Jahr 878 ein stattliches Heer der Wikinger, deren Anführer sich sogleich christlich taufen ließ – in Alfreds Gegenwart, versteht sich. Alfred stieg zu dem Helden und gepriesenen König auf, der er in der Erinnerung bis heute geblieben ist. Für die Bewohner unter seiner Herrschaft schuf er eine neue Identität, und die beherrschten Gebiete stattete er gemeinsam mit seinem Sohn und Nachfolger Edward mit einem Netz von Verteidigungsanlagen aus. Offenbar trauten die westsächsischen Könige dem Frieden mit den Wikingern nicht.

Zudem arbeitete Alfred mit namhaften Geistlichen, hauptsächlich in Winchester, zusammen, die er nach dem Vorbild des Frankenkönigs Karl als Bildungsreformer einsetzte und beauftragte, einheitliche Regeln für das Klosterleben und den Gottesdienst zu erarbeiten. Dabei griffen die Geistlichen, unter Mitarbeit von Alfred selbst, nicht nur auf Werke Papst Gregors I., des Historikers Orosius aus dem frühen 5. Jahrhundert, des Boethius – eines Philosophen aus dem 6. Jahrhundert – sowie Bedas zurück, sondern formulierten auch nach älteren Vorlagen Gesetze und schufen eine offiziöse Zusammenstellung der wichtigsten Geschichtsereignisse. Diese Zusammenstellung war in der Form von Jahreseinträgen angelegt und folglich zur Fortsetzung bestimmt. Auf der Basis der alfredzeitlichen Reformen entwickelten Geistliche während des 10. Jahrhunderts weitere Grundsätze des Klosterlebens und erweiterten die kirchliche Organisation durch Wiedergründung von Klöstern, die in der Zeit der Wikingerkriege aufgegeben worden waren, sowie auch durch Einrichtung neuer Bistümer und Klöster. In den Klöstern sollten nurmehr ordinierte Mönche und Nonnen leben, die ausschließlich kirchliche Gebote zu befolgen hatten. Kirchen und Klöster, die in der Obhut und im Eigentum der Familien von Königen und einflussreichen Leuten gestanden hatten, gelangten so unter die Kontrolle der Amtskirche. Der Erzbischof von Canterbury erhielt das Recht, die englischen Könige nach einem festen Ritus zu salben und zu krönen.

Alfreds Königreich erwies sich als überaus erfolgreiche und stabile Schöpfung. Eine effiziente Verwaltung entstand auf der Basis von Grafschaften, die bis in die 1970er Jahre Bestand haben sollten. Sie waren in der Regel um Zentralorte gelegt, an denen Münzmeister im Auftrag des Königs Geldstücke nach einheitlichem Münzfuß prägten. Ab 975 galt ein Gesetz, demzufolge alte Münzen in regelmäßigen Abständen gegen neue einzutauschen waren. Das Gesetz sollte schleichenden Entwertungen vorbeugen, die die Folge vorsätzlicher Verringerung des

Edelmetallgehalts der geprägten Münzen sein konnten. Eine königliche Flotte sicherte die Küsten. Alfreds Nachfolger im 10. Jahrhundert dehnten zudem ihren Einfluss nach Norden auf Gebiete jenseits des Firth of Forth und nach Westen in Gegenden jenseits des merzischen Grenzwalls aus. Zwar traten sie dort nicht als direkte Herrscher aus eigenem Recht auf, sondern nur als Oberherrscher. Aber diese juristischen Feinheiten änderten nichts an der Tatsache, dass Alfreds Nachfolger nunmehr überall in Britannien den Ton angaben. Sie ließen sich Titulaturen zuschreiben, die den Eindruck erwecken konnten, als seien ihre Träger Kaiser und Herrscher über ganz Britannien. Die Wikinger blieben vorerst auf Distanz und suchten andere Gestade als Zielgebiete ihrer Fahrten auf. Britannien aber wurde zunehmend wegen seines wachsenden Reichtums als Handelsplatz attraktiv.

Gleichwohl geriet nach 978 das Königreich neuerlich in eine Krise. Die Wikinger verfügten über ein ausgefeiltes Informationssystem, das Schwachstellen in den Herrschaftsordnungen der Nordseeanrainer schnell bloßlegte. So diagnostizierten die Wikinger eine Abnahme der Verteidigungsfähigkeit in Britannien, die sie sofort auszutesten begannen. Tatsächlich zeigte die königliche Flotte seit den 980er Jahren weniger Präsenz und verschwand gegen Ende des Jahrhunderts ganz. Britannien blieb den skandinavischen Königen als Operationsgebiet so wichtig, dass sie sich selbst an die Spitze von Heeren stellten. Sie kamen nun nicht mehr zum Beutemachen, sondern als Eroberer. Im Jahr 991 landete ein Heer, wohl unter dem Kommando des norwegischen Königs Olaf Tryggvason, bei Maldon in Essex, besiegte ein lokales Aufgebot, ließ sich aber durch Tributzahlungen zum Abzug bewegen. Das Verfahren machte Schule. Alfreds Nachfolger verlangten seit Ende des 10. Jahrhunderts bald eine Sondersteuer, die sie Danegeld, Dänensteuer, nannten. Damit wollten sie die Eindringlinge abfinden. Erfolgreicher als Olaf waren gut zwanzig Jahre später der Dänenkönig Sven Gabelbart und dessen Sohn und Nachfolger Knut. Sie landeten im Jahr 1013 und ließen sich weder vertreiben noch mit Geld zum Abzug bewegen. Knut wurde, nachdem Sven Gabelbart gestorben war, im Jahr 1014 zum englischen König gewählt und gebot damit über ein Nordseeimperium, das von der Küste des Ärmelkanals bis nach Norwegen reichte. Als Knut im Jahr 1031 starb, brach sein Imperium jedoch rasch zusammen, und die englischen Granden wählten mit Edward wieder einen Nachfahren Alfreds. Edward indes hinterließ keine Nachkommen und löste dadurch einen Erbstreit aus, den er durch eine Art Designation Wilhelms, des Herzogs der Normandie, als seinen Nachfolger verschärfte. Wilhelm war mit Edward über dessen Mutter Emma verwandt. Auch König Harald Hardarda von Norwegen hielt sich für nachfolgeberechtigt. Nachfolger Edwards wurde nach dessen Tod im Jahr 1066 dennoch der Adlige Harald Godwinson, Nachfahr eines Wikingers. Dessen Vater hatte einst im Jahr 1051 einen Aufstand gegen Edward angezettelt. Weder Wilhelm noch König Harald Hardarda ließen sich durch die Wahl von ihren Ansprüchen abbringen. Beide rüsteten zum Krieg und setzten Truppen nach England über. Zuerst landete Harald Hardarda im Norden Englands und lieferte sich dort mit seinem englischen Namensvetter Gefechte. Dann kam Wilhelm aus der Normandie mit seinen Truppen nach England. Harald Godwinson eilte mit seinen Truppen nach Süden, um Wilhelm zu stellen. Am 14. Oktober 1066 kam es zur Schlacht bei Hastings in Sussex, die Wilhelm, selbst Nachfahr eines Wikingers, der zu Beginn des 10. Jahrhunderts vom fränkischen König mit der Herzogswürde belehnt worden war, für sich entschied. Wilhelm ließ sich am Weihnachtstag 1066 in Westminster zum König von England krönen. Das Königreich England sollte auch die Normannische Eroberung überstehen, auch wenn die direkten Nachfahren König Alfreds die Kontrolle über das Land einbüßten.

II. Lebensformen der Angelsachsen im 5., 6. und 7. Jahrhundert

1. Herkunft

> «Sie kamen aus drei sehr mächtigen Völkern, nämlich den Sachsen, den Angeln und den Iutae. Die Leute von Kent und der Insel Wight stammen von den Iutae ab, auch die in dem Teil des Lands der Sachsen, der noch heute nach den Iutae benannt wird gegenüber der Insel Wight. Aus Sachsen, also aus der Gegend, die heute Altsachsen heißt, kamen die Ostsachsen, die Südsachsen und die Westsachsen. Schließlich stammen aus Angeln, also dem Stammland, das Angeln genannt wird und seither wüst geblieben ist und zwischen den Ländern der Iutae und der Sachsen liegen soll, die Ostanglier, die Mittelanglier, die Merzier, die Gesamtgruppe der Nordhumbrier, also diejenigen Angeln, die nördlich des Flusses Humber wohnen, und die übrigen Völker der Angeln.»

Der Mönch Beda schloss diesen lateinischen Bericht über die Herkunft jener Gruppen, die er insgesamt Angelsachsen nannte, in seine Kirchengeschichte des Volks der Angeln ein. Das Buch fand viel Interesse schon im 8. Jahrhundert, es war gewissermaßen der Bestseller der Zeit. Handschriften des Textes verbreiteten sich schnell auf dem Kontinent. Am Ende des 9. Jahrhunderts zählte es zu den ganz wenigen frühmittelalterlichen Texten, die König Alfred und sein Gelehrtenkreis der Übertragung in die Volkssprache für würdig befanden. Für alle, die sich bis ins 20. Jahrhundert mit den Angelsachsen beschäftigten, lieferte Beda schlechthin die autoritative Darstellung des Eintreffens der Angelsachsen in Britannien. Er datierte das Ereignis genau in das Jahr 449 n. Chr. und gab an, woher die Leute gekommen waren. Er erzählte auch, sie seien mit drei Schiffen gelandet in der verhohlenen Absicht, die Insel zu erobern. Auch behauptete er, die Herrscher über diese Leute leiteten sich alle von einem Wodan ab.

So viel Präzision erweckt Verdacht. Wie konnte Beda im frühen 8. Jahrhundert wissen, von woher genau welche Leute knapp dreihundert Jahre zuvor nach Britannien gekommen waren? Woher kannte er die Zahl der Schiffe? Woher wusste er von den angeblich verdeckten Absichten der Seefahrer, woher von der genauen Jahreszahl? Wer war dieser Wodan? Was bedeutete Volk (Bedas lateinisches Wort lautet an dieser Stelle *populus*)? Und wie konnte Beda mit Aussicht auf Glaubwürdigkeit behaupten, dass die gesamte nicht-britische Bevölkerung Britanniens seiner eigenen Lebenszeit Nachfahren nur dieser drei Völker – Angeln, Sachsen und Iutae – gewesen seien?

Bedas Vorstellungen von Volk und Nation. Beginnen wir mit der Verteidigung Bedas. Von Sachsen als Leuten, die irgendwann und immer wieder zunächst als Piraten, dann als Söldner und schließlich als Eroberer nach Britannien gekommen waren, berichtete schon Gildas, dessen Buch Beda kannte. Den Angeln rechnete Beda sich selbst zu. Obschon über Bedas Familie nichts bekannt ist, kann nicht ausgeschlossen werden, dass es in seiner Umgebung Erinnerungen an Vorfahren gab, die aus der Heimat der Angeln gekommen waren. Von kontinentalen Angeln wusste im Übrigen schon die antike Ethnographie. Auch von dort könnte Beda den Namen übernommen haben. Entscheidend aber ist, dass Beda ein Schreiben Gregors I. überlieferte, in dem der Papst die Angeln als Zielgruppe der katholischen Mission in Britannien nannte. Diesen Zusammenhang bestätigt eine andere Quelle, die in Bedas Umkreis entstand und ihm bekannt gewesen sein kann. Dieser Quelle zufolge traf der Papst in Rom auf Sklaven, die er nach ihrer Herkunft befragte. Sie sollen geantwortet haben, sie seien Angeln. Der Papst habe den Namen in lateinischer Sprache gehört und «angeli» (Engel) verstanden. Dann seien die Sklaven ja Engel, habe er sich gefreut und entschieden, Missionare zu den Angeln in Britannien zu senden. Es handelt sich wahrscheinlich um eine nordhumbrische Legende, auf die Ewige Stadt projiziert. Ebenso gut bezeugt ist für das 8. Jahrhundert in Genealogien die Vorstellung, einige Könige in Britannien stammten von einem Wodan ab. Für einige Königreiche scheint Beda solche Genealogien ausgewertet zu haben.

Mehr lässt sich jedoch zu Bedas Verteidigung nicht beibringen, denn seine weiteren Aussagen sind mit Hilfe anderer Quellen nicht nachprüfbar und in sich keineswegs schlüssig. Die Probleme beginnen mit dem angeblichen Namen der Iutae. Die Namensform, die Beda überliefert, ist sonst nicht belegt und aus sich heraus nur schwer verständlich. Lange Zeit hat die Forschung Bedas Iutae mit den Jüten gleichgesetzt und angenommen, sie entstammten der Jütischen Halbinsel. Bedas Text, genau gelesen, stützt diese Annahme jedoch nicht. Denn Beda deutet das vermeintliche Herkunftsgebiet der Iutae nur indirekt mit der Aussage an, das Herkunftsgebiet der Angeln liege nördlich desjenigen der Iutae. Und genau in dieser Aussage steckt das erste Problem: Beda verwandte für zwei der drei Siedlergruppen Namen, die schon damals sowohl als Gruppen- als auch als Raumnamen in Gebrauch waren. Für die Angeln als Gruppe gab er an, ihr Herkunftsgebiet heiße Angulus, mithin die Landschaft Angeln, heute Teil Schleswig-Holsteins. Für die Sachsen stellte er fest, es gebe ein Gebiet namens Altsachsen. Auch den Sachsennamen gibt es sowohl als Gruppen- wie auch als Raumnamen immer noch; heute zwar für einen Freistaat im Osten Deutschlands und nicht für ein Gebiet an der Unterelbe – aber im 8. Jahrhundert lag Sachsen als Land genau dort und erstreckte sich zudem über weite Gebiete zwischen Elbe und Rhein. Dennoch bleibt unklar: Nannte Beda die Leute, die vom Kontinent nach Britannien zogen, Angeln und Sachsen nach den Herkunftsgebieten, oder erschloss er deren Herkunftsgebiete aus der Gleichheit der ihm in Britannien geläufigen Gruppennamen mit kontinentalen Raumnamen? Jedenfalls fehlt eine solche Parallele ausgerechnet für die Iutae, über deren Herkunftsgebiet Beda nichts Genaues mitteilt. Folglich bleibt auch fraglich, ob Bedas Iutae überhaupt ein Volk waren. An anderen Stellen seines Werks lässt Beda die Iutae zumeist unerwähnt und beschränkt sich auf die Nennung von Angeln, Sachsen oder Angelsachsen. Andere Quellen der Zeit lokalisieren eine Gruppe mit dem ähnlichen Namen Eucii in Gegenden südlich des

Ärmelkanals. Seltsamer noch ist der Befund, dass Papst Gregor I. von Iutae nichts wusste, sondern die Gruppe, die er Angeln nennen ließ, im Südosten Britanniens, in Kent um die Stadt Canterbury lokalisierte. Beda wusste davon, behauptete gleichwohl, Kent sei der Siedlungsraum der Iutae; Angeln jedoch siedelten nur nördlich der Themse. Mit dem Gruppennamen Iutae schuf Beda mithin mehr Verwirrung als Klarheit.

Was aber war für Beda überhaupt ein Volk? Im lateinischen Original seines Werks gebraucht er für dessen Bezeichnung die Wörter *gens*, *populus* und *natio*. Das Nomen *gens* ist im Wortschatz der europäischen Sprachen nicht mehr lebendig, *natio* hingegen benutzen wir heute noch, *populus* geht auf dieselbe Wurzel zurück wie Volk. Und doch tragen die Wörter *populus* und *natio* heute grundsätzlich andere Bedeutungen als zu Bedas Lebenszeit. Während wir uns Völker und Nationen als große Gruppen vorstellen, die viele Millionen Angehörige umgreifen können, dachten Beda und seine Zeitgenossen an Kleinverbände, die nicht mehr als ein paar hundert Leute zu umfassen brauchten. Während wir die Zugehörigkeit zu Völkern und Nationen gesetzlichen Vorschriften zu unterwerfen und in förmlichen Personalausweisen oder anderen Urkunden zu dokumentieren bestrebt sind, kannten Beda und seine Zeitgenossen die Zugehörigkeit zu Nationen und Völkern entweder aus dem, was die Leute über sich erzählten, oder aus der antiken Ethnographie. Hier stellt sich das zweite Problem: Wenn für Beda Nationen und Völker kleine Gruppen waren, deren Angehörige ihre Identität selbst bestimmen konnten, wie konnte er dann so felsenfest behaupten, außer den Angeln, Sachsen und den mysteriösen Iutae seien keine weiteren Nationen oder Völker vom Kontinent nach Britannien gekommen? Dass von den Insassen dreier Schiffe, die vielleicht im Jahr 449 über den Ärmelkanal segelten, sämtliche nicht-britischen Bewohner Britanniens zu Bedas Lebenszeit abstammten, dürfte Beda selbst kaum geglaubt haben. Aber warum behauptete er es dann? Vielleicht bezeichnete er mit den Völkern und Nationen nur jene Gruppen ranghoher Krieger, aus denen die Vorfahren der späteren königlichen Dynastien hervorgehen sollten. Für diese Annahme spricht, dass die königlichen Dynastien nördlich wie südlich der Themse – außerhalb Kents – entweder den Namen der Angeln oder den der Sachsen führten. Insofern stimmte Bedas Zuordnung. Aber für die kentische Dynastie traf sie nicht zu. Deren Angehörige trugen die Titulatur «Könige der Kenter», nicht etwa Könige der Iutae. Doch wenn diese Annahme nur für die anglischen und sächsischen Könige zutrifft, woher kamen dann die anderen kontinentalen Siedler in Britannien? Bedas Bericht wirft mithin mehr Fragen auf, als er fundierte Antworten zu geben vermag.

Der christliche Mönch und der heidnische Gott. Das gilt auch für Wodan, den angeblichen Stammvater vieler königlicher Dynastien. Nun ist Wodan kein Unbekannter, weder in Britannien noch – in der Namensform Wotan – auf dem Kontinent. In der skandinavischen Mythologie des hohen Mittelalters figurierte er als Kriegsgott; in Nordhessen sowie in Kent gab er den Namen für Hügel in Gudensberg bei Kassel und Woodnesbeorg bei Eastry. In einer frühmittelalterlichen Steinskulptur aus Hornhausen in Sachsen-Anhalt scheint er auf als langhaariger bewaffneter Reiter, der sich über Gewürm erhebt. Die Winniler, die sich später Langobarden nannten, sollen ihn als Gott verehrt haben, bevor sie Christen wurden. Und noch am Ende des 10. Jahrhunderts schimpfte der englische Benediktinerabt Ælfric von Eynsham darüber, dass die aus Skandinavien in Britannien eingedrungenen heidnischen Wikinger stur am Kult des Wodan und anderer, seiner Meinung nach falscher Götter festhielten.

Von alledem hören wir bei Beda nichts, nicht einmal den Hinweis, dass dieser Wodan ein Gott sei. Möglich, dass Beda diese Information verschwieg, da er Wodan als Stammvater christlich gewordener königlicher Dynastien identifizierte. Nach christlicher Vorstellung wäre die Behauptung, königliche Dynastien stammten von einem Gott ab, ein schwerer Verstoß gegen die kirchliche Lehre gewesen. So etwas konnte Beda mithin überhaupt nicht in den Sinn kommen. Aber wenn die Abkunft königlicher Dynastien von Wodan ein solch heikles Thema war, warum ließ Beda sich dann überhaupt auf diesen Gegenstand ein? Er spielte, so scheint es, auf Vorstellungen und Kenntnisse an, die er bei seinen Zeitgenossen voraussetzen musste, ohne sie selbst zu teilen. Anders gesagt: Beda musste den Kompromiss suchen zwischen den Verboten christlicher Dogmatik und den Geboten der zeitgenössischen Politik. Zu Letzteren zählte die Pflicht, Wodan als Stammvater zu nennen, worin ihm das englische Königshaus bis heute gefolgt ist. Zu Ersteren gehörte die Notwendigkeit, Wodan seiner Göttlichkeit zu entkleiden.

In Bedas Bericht über die ältere Geschichte der Angelsachsen scheint die größte Schwierigkeit darin zu bestehen, die Widersprüche zu erkennen zwischen dem christlich geprägten Weltbild des 8. Jahrhunderts und den Vorstellungen und Kenntnissen jener Personen des 5. Jahrhunderts, von deren Handeln Beda erzählte. Über Letztere wissen wir aus Bedas Bericht wenig. Wollen wir unsere Kenntnislücken füllen, müssen wir zu anderen Quellen greifen. Die Archäologie und die Ortsnamenkunde liefern sie in großer Zahl.

Siedlungsgebiete der Angeln, Sachsen und Iutae im Licht der Archäologie. Ein spezielles wissenschaftliches Interesse an Funden, die auf die Angelsachsen zu beziehen sind, regte sich erst an der Wende zum 20. Jahrhundert, als systematische Ausgrabungen von Gräberfeldern einsetzten. Insbesondere Edward Thurlow Leeds (1877–1955), Leiter der Abteilung für angelsächsische Funde des Oxforder Ashmolean Museum und Autor mehrerer einflussreicher Bücher über die Angelsachsen, sowie die von ihm begründete Schule erforschten die Funde, die Aufschluss über die Angelsachsen geben, und stießen dabei auf Widersprüche zwischen ihrem Material und Bedas Migrationsbericht. Leeds vertraute auf Bedas Angaben zu den drei Völkern, wollte aber wissen, wie sie nach Britannien gekommen waren. Er studierte die lokalisierbaren Funde genau im Hinblick auf Formen und Ornamente, ordnete sie zu Fundgruppen und bestimmte deren Eigenheiten nach Bedas Angaben über die Zielgebiete der Angeln, Sachsen und Iutae in Britannien. Leeds zufolge waren die Iutae nach Kent gezogen, die Sachsen in das Südthemsegebiet und die Angeln in den Raum zwischen Themse und Firth of Forth. So entstand vorgeblich anglisches, scheinbar sächsisches und sogenanntes jütisches Fundmaterial. Es schien genauere Informationen über Herkunftsgebiete und Reiserouten zu bieten als Bedas Bericht. Deswegen legte sich Leeds zwar Bedas Angaben über Herkunftsgebiete und Reiserouten, nicht aber über die Zielgebiete der Angeln, Sachsen und Iutae vor. Die Iutae ließ er zunächst einfach über den Ärmelkanal setzen, die Angeln an der Ostküste Britanniens landen und die Sachsen von der Südküste aus Land nehmen. Doch dann stellte eine Gruppe von Fundorten im oberen Themsetal um die Orte Oxford, Dorchester und Abingdon Bedas Datierung und Raumgliederung in Frage. Dort kamen Grabfunde zu Tage, die Leeds dem frühen 5. Jahrhundert und den Sachsen zuwies. Die Fundorte lagen südlich und nördlich der Themse. Beda zufolge durfte es jedoch nördlich der Themse keine sächsischen Funde geben und in Britannien überhaupt keine Funde kontinentaler Herkunft vor dem Jahr 449. Die Grabfunde schienen Bedas klare Grenzen zu verwischen und forderten einen längeren Zeitraum für den Siedlungsvorgang. Beda hatte geirrt, befand der Archäologe Leeds. Hinzu kam, dass sich die vermeintlichen Sachsen kaum von der Südküste ihren Weg durch das Südthemsegebiet würden gebahnt haben – gab es doch dort für solch einen Prozess während des 5. Jahrhunderts viel zu wenig Funde kontinentaler Herkunft. Die Sachsen mussten also eine direkte Route gefunden haben. Den einfachsten Weg, die Themse aufwärts an London vorbei zu fahren, ließ Leeds nicht gelten, sondern richtete sein Augenmerk auf Erdwälle, die in nordwestlich-südöstlicher Streichrichtung hintereinander in Ostanglien und der Grafschaft Cambridgeshire angelegt waren. Einige dieser Wälle schienen eine alte Straße zu blockieren, die heute als Icknield Way bekannt ist. Das brachte Leeds auf den Gedanken, die Erdwälle seien im 5. Jahrhundert zur Verteidigung gegen Eindringlinge gebaut worden, die von der Ostküste ins Innere der Insel hatten vordringen wollen. Er schloss, die Erdwälle seien gegen Sachsen errichtet worden, die von der Nordsee ins obere Themsetal gelangen wollten. Die Archäologie schien zu bestätigen, dass die Mühen der Verteidiger erfolglos geblieben waren und den Vormarsch der siegreichen Sachsen nicht hatten verhindern können. Die Besiedlung Britanniens durch Gruppen kontinentaler Herkunft erschien Leeds als komplizierter und langwieriger Vorgang, der schon im frühen 5. Jahrhundert eingesetzt hatte. Die Schwierigkeit indes blieb bestehen, dass die Erdwälle nicht datierbar waren und dass Leeds' Zuweisung der Fundgruppen zu Angeln, Sachsen und Iutae nicht allen sofort einleuchtete. Beruhte doch die Zuweisung auf Angaben Bedas, die zu korrigieren Leeds sich gerade anschickte. Über die Zuweisung von Fundgruppen zu den kontinentalen Herkunfts- und britannischen Siedlungsgebieten der Siedler konnten Archäologen in Britannien wie auf dem Kontinent trefflich streiten.

Die Trennung von Geschichtswissenschaft und Archäologie hatte zur Folge, dass auf die Frage nach der Herkunft der Angelsachsen heute zwei Typen von Antworten vorliegen: Auf der einen Seite nimmt die Geschichtswissenschaft auf der Grundlage von Bedas Text an, nur wenige Angelsachsen seien aus Gebieten nördlich der Elbe innerhalb eines kurzen Zeitraums um die Mitte des 5. Jahrhunderts nach Britannien gelangt und hätten sich dort schnell als Herrscher etabliert. Dagegen zeichnet die Archäologie das Bild komplizierter Abläufe, durch die nicht eine kleine Zahl großer Gruppen binnen kurzer Zeit nach Britannien gelangte, sondern über einen Zeitraum von mehreren hundert Jahren eine Vielzahl kleiner Gruppen unterschiedlicher Abkunft und unterschiedlichen sozialen Status', die mit Gruppen in ihren Herkunftsgebieten auch nach dem Aufbruch nach Britannien Verbindung gehalten zu haben scheinen. Die Aussagen der archäologischen Funde stehen mithin Bedas Bericht auf tieferer Ebene entgegen, als Leeds hatte zulassen wollen. Aus der Sicht der heutigen Archäologie bietet Bedas Bericht keinen kohärenten Rahmen für die Funddeutung, sondern stellt nur eine ziemlich willkürliche, gelehrte Rekonstruktion aus einem zeitlichen Abstand von fast dreihundert Jahren dar.

Siedlungsgebiete im Licht der Ortsnamenforschung. Die Befunde der Ortsnamenforschung entsprechen vielfach den archäologischen Funden. Seit den 1920er Jahren hat die English Place-Name Society das bis heute noch nicht abgeschlossene

Großprojekt der Verzeichnung sämtlicher Ortsnamen in den englischen Grafschaften auf der Grundlage philologischer Kritik durchgeführt. Ziel des Projekts ist es, für alle Ortsnamen in England die ältesten Belege sowie deren ursprüngliche Bedeutung und Aussage zu ermitteln. Sehr bald bestätigten die Namenlisten die schon im frühen 19. Jahrhundert gewonnene Erkenntnis, dass die Typen der Namenbildung für die meisten englischen Ortsnamen kontinentalen Ursprungs waren. Die philologische Forschung des 19. Jahrhunderts war jedoch von der Vermutung ausgegangen, dass die Sachsen, Angeln und Iutae ihre Ortsnamen vom Kontinent nach Britannien übertragen hätten. Demgegenüber erkannten die Forscher der English Place-Name Society allmählich, dass in vielen Fällen nicht der Name eines Orts selbst kontinentalen Ursprungs gewesen sein muss, sondern lediglich die Art, wie er gebildet worden war – und einige dieser Bildungstypen blieben in Britannien bis in das 10. Jahrhundert in Gebrauch. Folglich brachten die Siedler eine Kultur der Ortsnamenbildung nach Britannien. Sie war überraschend einheitlich. Die Beobachtung der engen Verwandtschaft der Kulturen der Ortsnamenbildung in Britannien und auf dem Kontinent warf seit den 1970er Jahren die Frage auf, wie intensiv wohl die kulturellen Verbindungen der vom Kontinent kommenden Siedler mit ihren in der Heimat verbliebenen Verwandten und Nachbarn gewesen sein mochten. Beda selbst gab dazu den Hinweis, dass diese Verbindungen stark gewesen seien. Denn er begründete die im 7. Jahrhundert einsetzende angelsächsische Mission auf dem Kontinent mit dem Ziel, den dort heidnisch gebliebenen sächsischen und anderen Verwandten und Nachbarn das Christentum zu bringen. Dennoch ging insbesondere die Geschichtswissenschaft weiterhin von der Annahme aus, dass der Fortzug der Angeln, Sachsen und Iutae nach Britannien zum Abbruch aller wesentlichen sozialen Bindungen zum Kontinent und die Entstehung eines neuen Volks der Angelsachsen zur Folge gehabt habe.

Die Ortsnamenforschung indes stellte dieser Annahme nicht nur die These fortdauernder Interaktionen zwischen Britannien und dem Kontinent entgegen, sondern wies auch eine große Zahl paralleler kontinentaler und insularer Ortsnamenbildungen nach. Auf dem Kontinent ergaben die Parallelen ein Gebiet, das weit größer war als jene Landschaften, welche Geschichtswissenschaft wie auch Archäologie, letztlich auf Beda fußend, als kontinentale Siedlungsräume der Angeln, Sachsen und Iutae in Betracht gezogen hatten. Es umfasste weite Teile des heutigen Dänemark, des deutschen Sprachraums, Belgiens und der Niederlande sowie Gebiete an der französischen Kanalküste. Die genaue Analyse der Ortsnamen erbrachte ferner den Befund, dass einige Parallelen auch durch Rückwanderung einiger Gruppen von Britannien auf den Kontinent entstanden sein konnten.

Herkunftsräume. Nach etwas mehr als einhundert Jahren archäologischer, geschichtswissenschaftlicher und philologischer Forschung ergibt sich somit ein kompliziertes Bild von der Herkunft der Angelsachsen. Offenbar kamen die Leute, die Beda als Angeln, Sachsen und Iutae bezeichnete, aus verschiedenen Räumen des Kontinents, wenngleich eine nicht genau bestimmbare Mehrheit einst aus Gebieten um die Unterelbe sowie im Südteil der Jütischen Halbinsel aufgebrochen sein mag. Diesen Schluss legen Analysen des frühmittelalterlichen Pflanzenbewuchses in der ursprünglichen Heimat der Angeln, die in der in Frage stehenden Zeit einen Rückgang der dortigen landwirtschaftlichen Tätigkeit erkennen lassen, sowie Funde im Gräberfeld von Issendorf nahe, die auf eine abnehmende Bevölkerungsdichte in dieser Region schließen lassen.

Diese Leute bildeten, wie auch andere Migranten in der Spätantike und im frühen Mittelalter, kleine Gruppen mit spezifischen kollektiven Identitäten, die sich zunächst zu keinen übergeordneten politischen Ordnungen zusammenfügten. Diese kleinen Migrantengruppen konnten kaum in dem Maß Kulturträger sein, dass ihre spezielle materielle Kultur hätte in archäologischen Funden erkennbar werden können, sondern sie vermittelten vielmehr einerseits eine große Variationsbreite von Stilen und zeigten andererseits auch substantielle Gemeinsamkeiten. Gleichwohl können Stilähnlichkeiten in der materiellen

Überlieferung nicht als Grundlage für die Annahme dienen, dass die nach Britannien gelangenden Siedlergruppen kontinentaler Herkunft schon von Anfang ihrer Siedlungstätigkeit an nur die drei bedanischen Gruppennamen der Angeln, Sachsen und Iutae für sich anerkannt hätten. Insbesondere für die Vermutung, es habe überhaupt eine Gruppe von Iutae unter den Siedlern in Britannien gegeben, fehlt jeder Anhaltspunkt. Insofern hat sich die Beweislast gegen Beda gekehrt. Wer heute Bedas Aussagen verteidigen will, muss nachweisen, dass die Aussagen der archäologischen Funde und die Ortsnamenbefunde falsch oder nicht stimmig sind.

Das Grab von Sutton Hoo. Einzelne Funde und Fundorte verändern das Bild, ohne es grundsätzlich in Frage zu stellen. Als im Jahr 1939 mit einem Schiffsgrab unter einem künstlichen Hügel bei Sutton Hoo in der Grafschaft Suffolk der bislang bedeutendste archäologische Fund aus dem Erbe der Angelsachsen geborgen wurde, vermutete die archäologische, historische und philologische Forschung sofort und in seltener Einmütigkeit, dass es sich dabei um die Grablege eines Fürsten handeln müsse. Die Ähnlichkeiten der Grablege mit Bestattungsriten, die im altenglischen *Beowulf*-Epos, geschrieben wohl um 1000, überliefert sind, waren unmittelbar evident. Auch die Datierung in das frühe 7. Jahrhundert erwies sich dank der in der Grablege erhaltenen Münzen als unstrittig. Gleichwohl warf der Fund schwierige Fragen auf. Im Schiffsrumpf konnten bisher keine Überreste eines Leichnams geborgen werden. War die Anlage vielleicht gar keine Grablege, sondern ein Ort ritueller Handlungen, mit deren Hilfe man die Erinnerung an Vergangenes bewahren wollte? Wie weit reichten die Ähnlichkeiten zwischen dem Fund und dem Zeugnis des *Beowulf*-Epos? Immerhin belegte das Epos, dass der Leichnam eines verstorbenen Herrschers in ein Schiff gebracht und dem Meer übergeben wurde. Dagegen war in Sutton Hoo ein Schiff an Land gebracht und mit wertvollen Beigaben unter einem Hügel versiegelt worden. Gleichwohl war das Schiff als Zeugnis des Glaubens an die Jenseitsreise sowohl in Sutton Hoo als auch im *Beowulf*-Epos präsent. Sutton

Hoo war folglich ein Kultort gewesen. Aber welchen spezifischen Zwecken hatte er gedient? Bedenklich stimmte, dass in der unmittelbaren Nachbarschaft des Hügels verstümmelte Leichen bestattet waren. Es hatten dort also auch Hinrichtungen stattgefunden. Schließlich: Wer mochte der Herrscher gewesen sein, zu dessen Ehren oder Erinnerung der Hügel aufgeschüttet worden war? Die Beigaben, die sowohl auf nicht-christliche wie christliche Religiosität verweisen, erlauben den Schluss, dass die Anlage in der Phase des Übergangs zum Christentum in Ostanglien errichtet worden ist. Die Datierung der Anlage bestätigt diesen Schluss, der auch vom Zeugnis Bedas gestützt wird. Der beschrieb den Übergang vergleichsweise ausführlich für die Zeit des frühen 7. Jahrhunderts und kritisierte den Versuch des ostanglischen Königs Rædwald, sowohl christliche wie auch nichtchristliche Heiligtümer nebeneinander zuzulassen. Rædwald könnte der in Sutton Hoo verehrte Herrscher gewesen sein.

Antworten auf die vielen Fragen, die der Fund von Sutton Hoo aufwarf, wiesen zunächst – gegen Bedas Zeugnis – nach Skandinavien. Ähnlichkeiten einzelner Beigaben, insbesondere eines mit Kampfszenen verzierten Helms, mit Funden des 5. Jahrhunderts aus Vendel in Schweden begründeten die Annahme, dass der in Sutton Hoo verehrte Herrscher Beziehungen nach Skandinavien gehabt haben müsse, über die Beda sich zwar ausschwieg; das *Beowulf*-Epos lokalisierte jedoch viele Schauplätze seiner Handlungen in Skandinavien. Weitere archäologische Funde skandinavischer Herkunft aus Ostanglien traten als bestätigende Zeugnisse hinzu. Wie aber verhielten sich diese Zeugnisse und das *Beowulf*-Epos zu den nach Skandinavien weisenden Funden von Sutton Hoo? Stand das Epos als unabhängiger Beleg für frühen britannisch-skandinavischen Austausch neben dem Fund von Sutton Hoo, oder war jener Herrscher, der in Sutton Hoo verehrt wurde, Angehöriger einer Gruppe, die den Stoff des *Beowulf*-Epos von Skandinavien nach Ostanglien getragen hatte? Aus heutiger Sicht spricht manches für letztere Annahme, zumal in Skandinavien inzwischen weitere Schiffsgräber nachgewiesen worden sind. Gleichwohl folgt aus dieser Beobachtung keineswegs, dass das *Beowulf*-Epos besonders starke Beziehungen zur Dynastie der Könige von Ostanglien hatte. Denn es dokumentiert ebenso stark Bezüge nach Merzien und Wessex, ohne dass dort bisher Schiffsgräber gefunden worden wären.

Überdies wies der Fund von Sutton Hoo nicht nur Beziehungen nach Skandinavien, sondern auch in das Frankenreich der Merowingerzeit sowie nach Byzanz und Syrien auf. Er ließ sich damit einreihen in die größer werdende Zahl an Funden, die das spätantike und frühmittelalterliche Britannien eingebunden zeigen in großräumige Handelsnetzwerke, die nicht nur das Abendland, sondern die gesamte mediterrane Welt umspannten. Das Fundament dieser Netzwerke bildeten die auch nach dem Ende römisch-kaiserlicher Herrschaft in Rom fortbestehende Handelsinfrastruktur des Römischen Reichs, die den Transport insbesondere von Luxusgütern – bei Bedarf auch aus fernen Weltteilen – ermöglichte.

Beispiele für Siedlungen der Einwanderer. Die Untersuchung von Ortsnamen lieferte darüber hinaus Erkenntnisse über die Typen von Gruppen, zu denen sich die Migranten zusammengefunden hatten, die nach Britannien gezogen waren. Gegen Bedas Zeugnis reflektieren Ortsnamen mehr als nur eine einzige Form sozialer Ordnungen, die mit Wörtern wie *gens*, *natio* oder *populus* hätte bezeichnet werden müssen. Vielmehr lassen sich auf der Basis von Ortsnamen fünf Typen sozialer Ordnungen zusammenfassen. Den häufigsten Typ repräsentiert beispielsweise der heutige Name der Stadt Birmingham. Er besteht aus drei Teilen: 1) dem Grundwort *-hām,* entsprechend deutsch *-heim* oder *-hem,* das die Bedeutung von Gehöft hatte; 2) dem Bestimmungswort *Bir-,* zurückgehend auf den sonst nicht belegten Personennamen *Beorma, sowie 3) das Bindeglied *-ing-*, das in dieser Zusammensetzung eine Gruppe von Leuten unter der Kontrolle eines Anführers bezeichnete. Birmingham war also seinem Namen nach ursprünglich das Gehöft der Leute des *Beorma. Wer dieser *Beorma war und was er als Anführer einer Gruppe von Siedlern tat, ist nicht bekannt. Aber *Beorma wäre wohl kaum zum Namengeber für eine Gruppe von Siedlern und deren Gehöft geworden, wenn er keinen Einfluss auf die Gestaltung der Migration nach Britannien, mindestens in deren Endphase, gehabt hätte. Folglich liegt die Vermutung nahe, dass *Beorma wesentlich an der Gestaltung der Wanderung, der Ordnung der Gruppe und der Anlage der Siedlung hatte, die nach ihm benannt wurde. Diese Leute hatten also eine zumindest in dieser Hinsicht feste soziale Ordnung, die sie vielleicht bereits vom Kontinent mitgebracht hatten. Woher diese Gruppe kam und warum sie in dem nach *Beorma benannten Birmingham siedelte, wissen wir nicht.

Der zweite Typ blieb beispielsweise erhalten im heutigen Namen der Stadt Canterbury (aus altenglisch Cantwarabyrig). Auch dieser Name besteht aus drei Teilen: 1) dem Grundwort -*bury*, analog zu deutsch -*burg*, mithin eine Bezeichnung für einen befestigten Ort; 2) dem Bestimmungswort Cantia, der Raumname von Kent und 3) dem Bindeglied -*wara*-, das eine Gruppe von Zuwanderern bezeichnete. Der Name Canterbury bedeutete also ursprünglich «Befestigter Ort von Leuten, die nach Kent eingewandert sind». Diese Gruppe unterstand mithin keiner namengebenden, die Migration und die Gruppe ordnenden Person, sondern bestimmte sich nach dem Raum, in dem ihre Siedlung lag. Der Name dieser Siedlung war also abgeleitet vom römisch-britischen Raumnamen Kent. Die neuen Siedler traten demnach in bestehende Raumordnungen ein und passten ihre soziale Ordnung wohl den Gegebenheiten an, die sie vorfanden. Woher sie kamen, wissen wir auch in diesem Fall nicht.

Den dritten Typ, weniger häufig belegt als der erste, vertritt der Ortsname Steyning, ein Dorf in Sussex. Der Name besteht nur aus einem Bestimmungswort und aus dem Bindeglied -*ing*. Ein Grundwort fehlt. Das Bestimmungswort ist abgeleitet von dem altenglischen Wort *stān*, das dieselbe Bedeutung trug wie das stammverwandte deutsche Wort Stein. Der Name bedeutete also ursprünglich «Leute bei den Steinen». Anders als Birmingham und Canterbury bezeichnete Steyning zunächst folglich keine Siedlung, sondern eine Gruppe. Bei Steyning war ein Naturphänomen namengebend. Falls die Leute von Steyning unter der Kontrolle eines Anführers standen und ein ausgeprägtes Bewusstsein ihrer Zusammengehörigkeit gehabt haben sollten, so fand dieses jedenfalls keinen Ausdruck in dem Namen des Orts, an dem sie siedelten. Vielleicht aber hatten sie sich auch erst während der Migration zusammengefunden und wurden von anderen Leuten in der Umgebung nach den naturräumlichen Gegebenheiten ihres Siedlungsorts benannt. Erst im Nachhinein könnten sie diese Fremdbezeichnung für sich selbst übernommen haben.

Der vierte, seltene Typ ist im Namen der Wüstung Beverington in Sussex belegt. Die Bildung dieses Namens ist gleich derjenigen von Birmingham. Das Grundwort *-ton* (aus altenglisch *-tūn*) hatte im frühen Mittelalter eine ähnliche Bedeutung wie das Grundwort *-hām*. Vielleicht unterschieden sich *-hām*-Gehöfte von *-tūn*-Gehöften durch eine bestimmte Art der Umzäunung, denn das Grundwort *-tūn* ist stammverwandt mit dem deutschen Wort Zaun. Jedenfalls bezeichneten die beiden Grundwörter Siedlungen mit landwirtschaftlicher Prägung. Während Birmingham aber direkt auf den Personennamen *Beorma verweist, leitet sich Beverington von der Bezeichnung der Bieber ab, bedeutete mithin «Gehöft von Bieberleuten». Bieber benötigen bekanntlich breite, fließende Gewässer als Lebensraum. Beverington liegt jedoch in einer Gegend, die schwerlich Biebern Lebensraum geboten hätte. Weiter führt bei der Deutung des Namens hingegen die Beobachtung, dass auf dem Kontinent außer dem Grundwort derselbe Ortsname mit Beverungen an der Weser belegt ist. Für diesen Ort ist die Bedeutung «Bieberleute» nachvollziehbar. Folglich könnte es sein, dass Leute aus Beverungen – in Erinnerung an ihre alte Heimat – den Biebernamen nach Britannien trugen und dorthin als geschlossene Nachbarschaftsgruppe zogen.

Der fünfte, ebenso seltene Typ liegt vor in Namen wie Sessingham (Sussex) und Freezingham (Kent). Diese Namen folgen zwar auch der Bildungsweise von Birmingham, führen aber als Bestimmungswort Namen von Gruppen, die als politisch Handelnde aus anderen Quellen hinlänglich bekannt sind. Für Sessingham dürfen Sachsen als namengebende Gruppe angenommen werden, für Freezingham Friesen. Denkbar ist aber auch, dass Sessingham von dem Namen einer Person *Seaxa oder Saxo und Freezingham von einem Frisa oder Friso abgeleitet wurde. Beide Personennamen sind andernorts belegt, ohne dass die aus anderen Zusammenhängen bekannten Personen mit diesen beiden Orten in Verbindung gebracht werden können. Jedenfalls belegt der Ortsname Freezingham Träger friesischer Traditionen in Kent und steht damit Bedas Behauptung entgegen, dass in Britannien nur Angeln, Sachsen und Iutae gesiedelt hätten. Zusammengenommen belegen alle fünf Typen von Ortsnamen, dass die zu Siedlern gewordenen Migranten in Britannien nicht nur aus vielen verschiedenen Regionen des Kontinents stammten, sondern auch zunächst viele unterschiedliche Gruppen bildeten, die zumindest fürs Erste über sich keine übergeordneten Herrschaftsträger anerkannten.

2. Sprache

Sprachdenkmäler und Runenschrift. Gegen Bedas Zeugnis belegen archäologische Funde und Ortsnamenbefunde somit, dass die Besiedlung Britanniens durch zahlreiche kleine Gruppen ein vielgestaltiger, langwieriger Prozess war, der in weiten Teilen des Kontinents – den Herkunftsgebieten der Siedler – seinen Anfang nahm und bis ins 7. Jahrhundert gedauert haben kann. Wenn diese Funde und Befunde schwerer wiegen als Bedas Angaben, so stellt sich die Frage, wie die Leute, die in Britannien zu Siedlern wurden, untereinander kommunizierten. Die Frage ist schwer zu beantworten, da nur wenige zeitgenössische Sprachbelege und auch diese ausschließlich in Form kurzer Runeninschriften erhalten sind. Die Frage ist gleichwohl wichtig, denn sie führt auf das Problem, wie das Altenglische als die zwar in Dialekte gegliederte, aber auf einem einheitlichen Grundwortschatz sowie grammatikalischen Regeln beruhende Standardsprache der Siedler unterschiedlicher Herkunft entstanden ist. Die Tatsache, dass die aus dem 8., 9., 10. und 11. Jahrhundert erhaltenen altenglischen Sprachdenkmäler der Angelsachsen enge Bezüge zu dem auf dem Kontinent zwar zeitgenössisch, aber weniger gut belegten Altsächsischen sowie zum später nachgewiesenen Altfriesischen aufweisen, hat die philologische Forschung zwischen dem Beginn des 19. und der Mitte des 20. Jahrhunderts zu der These veranlasst, dass alle drei Sprachen, zusammen mit dem heutigen Deutschen auf eine westgermanische Vorstufe zurückgingen, deren Träger ein westgermanisches Volk gewesen sei. Dieses sei gewissermaßen der gemeinsame Ahn der Angeln, Sachsen, Friesen und der verschiedenen deutschsprachigen Gruppen auf dem Kontinent sowie der Angelsachsen in Britannien. Diese These fällt aber in sich zusammen, da es weder Beleg noch Anlass für die Vermutung gibt, dass es jemals ein Volk der Westgermanen als Träger desselben einheitlichen Sprachstandards gab. Also kann der altenglische Standard nicht von einer westgermanischen Vorstufe abgeleitet werden, obschon ähnliche Wörter sowie dieselben grammatikalischen Regeln unter mehreren oder gar vielen Siedlergruppen auf dem Kontinent wie in Britannien in Gebrauch gewesen sein können. Anstatt zu fragen, wie sich eine als Standardsprachform nicht belegte, angeblich westgermanische Sprache in das Altenglische, Friesische, Sächsische und Deutsche aufgespalten haben könnte, ist vielmehr zu untersuchen, wie aus unterschiedlichen, gruppen- und ortsspezifischen Sprachformen jeweils die allgemeinen Standards entstehen konnten, die dann in altenglischen, altsächsischen und altfriesischen Sprachdenkmälern ihren Ausdruck fanden.

Auch wenn vollständig befriedigende Antworten auf diese Fragen nicht möglich sind, so gibt es doch Anhaltspunkte, die Aufschluss über einige Aspekte des Vorgangs der Herausbildung des altenglischen Standards unter den Angelsachsen in Britannien bieten. Der wichtigste dieser Anhaltspunkte ist, dass unter den zahlreichen kleinen Siedlergruppen vielfältige Austauschbeziehungen bestanden zu haben scheinen, gerade weil die Gruppen klein und in Bewegung waren. Diese Austauschbeziehungen sind durch Grabfunde belegt. So sind beispielsweise in Britannien Gräber erhalten, in denen Frauen in Trachten kontinentalen Ursprungs bestattet wurden. Auch dokumentieren Grabbeigaben Handelsbeziehungen. Ferner belegen Runeninschriften die gruppenübergreifende Kommunikation mit

Hilfe offenbar allgemein verständlicher Wörter, allgemeiner grammatikalischer Regeln und übergeordneter Standards beim Gebrauch von Buchstaben. Die Runenschrift – auf der Basis der lateinischen Schrift geprägt und von einer kleinen Zahl von Spezialisten genutzt – war, mit wenigen Varianten, nicht nur in Siedlergruppen kontinentaler Herkunft in Britannien, sondern auch andernorts in West- und Nordeuropa geläufig. Möglicherweise waren die Unterschiede in den sprachlichen Standards der Migranten- und Siedlergruppen nicht so groß, dass die Verständigung ohne Dolmetscher unmöglich gewesen wäre. Sprachliche Interaktion über Gruppen hinweg kann also auch ohne eine übergeordnete Einheitssprache und ohne schriftkundige Spezialisten stattgefunden haben.

Geschichtenerzähler. Diese Voraussetzung traf offensichtlich – jenseits des beschränkten Gebrauchs der Runenschrift – in solchen Gruppen zu, in denen Mündlichkeit die Standardform der Kommunikation war. Ein ungewöhnlicher altenglischer Text, dessen nicht erhaltene älteste schriftliche Fassung im späteren 7. Jahrhundert entstanden sein mag, dokumentiert einige Aspekte der mündlichen Kommunikation. Es handelt sich um mehrere, in Gedichtform gefasste Namenlisten, die ein im Text genannter Sänger namens Widsith vorträgt. Der Name ist sprechend und bedeutet «weite Reise». Der Sänger gibt sich nicht nur durch den Namen als Reisender zu erkennen, sondern auch indem er erwähnt, dass er einige der im Text genannten Personen besucht habe. Unter diesen Personen sind manche aus anderen Quellen bekannt und lebten, soweit wir wissen, in weit auseinanderliegenden Teilen des Kontinents – zum Beispiel der Gotenkönig Ermanarich aus dem 4. Jahrhundert, aber auch weitere Personen aus anderen Jahrhunderten. Widsith bereiste also nicht nur Räume und besuchte Gruppen, sondern er begab sich gleichsam auch auf eine Zeitreise. Viele andere Namen sind hingegen nur im Text des Gedichts belegt, mithin sonst unbekannt. Diejenigen, die wie Widsith die Namenlisten in Britannien kannten, untereinander austauschten und schließlich in Schriftform fixierten, wussten also mehr über Personen und Gruppen auf dem Kontinent, als wir heute rekonstruieren können. Für diese Kenner verbanden sich Namen mit Geschichten, die heute nicht mehr oder nur noch bruchstückhaft gewärtig sind. Widsith und andere professionelle Geschichten-Kenner unterschieden sich von gewöhnlichen Leute dadurch, dass sie Geschichten nicht nur jener Gruppe kannten, der sie selbst angehörten, sondern auch komplizierte Geschichten vieler Gruppen von verschiedenen Orten und aus unterschiedlichen Zeiten. Um dieses Wissen zu erwerben, mussten sie weit reisen, zuhören und die Erzählungen gut erinnern können. Mit ihrem Wissensschatz konnten sie umso besser wuchern, je größer er wurde, denn in dieser unterhaltungsarmen Zeit war man dankbar, wenn professionelle Erzähler in ein Dorf kamen und mit ihren Geschichten Abwechslung in den Alltag brachten. Solche professionellen Geschichten-Kenner sind aus der übrigen Überlieferung der Angelsachsen, insbesondere dem *Beowulf*-Epos, sowie auch aus Skandinavien bekannt.

Kirche und Sprache. Die vielen kleinen Gruppen, die im 5., 6. und 7. Jahrhundert unter Migranten und Siedlern bestanden, fügten sich in Britannien und auf dem Kontinent zu Gemeinschaften zusammen, die miteinander verkehrten. Man konnte sich verständigen, auch ohne jedes Wort aus einer anderen Gruppe präzise verstehen zu müssen. Die Gruppen, die sich als Siedler in Britannien niederließen und die Beda Angelsachsen nannte, blieben zunächst in diese Verkehrsgemeinschaften eingebunden. Erst mit der Durchsetzung des Christentums gegen die zuvor bestehenden Glaubens- und Kultformen stieg der Bedarf an präzis definierten Begriffen und eindeutiger Grammatik, den die Kirche als zentrale Einrichtung regeln musste. Denn die Lehrgrundsätze der christlichen Theologie sollten allgemein gelten. Diese Forderung war nur zu erfüllen, wenn die Grundsätze in Schriftform niedergelegt und dabei sprachlich eindeutig formuliert waren. Daher sandte schon im frühen 6. Jahrhundert Papst Gregor I. schriftliche Anweisungen an seinen Missionsbischof Augustin nach Canterbury, und im 7. Jahrhundert rangen Bischofssynoden um die Formulierung von Glaubensgrundsätzen. Die Sprache, deren sich Gregor und die Synoden in Britannien bedienten, war keines der Idiome der Siedler, sondern das Lateinische. Das war folgerichtig, denn das Lateinische war die Sprache der römischen Kurie und verlieh dem Anspruch der katholischen Kirche auf universale Gültigkeit der von ihr vertretenen Lehrgrundsätze Ausdruck.

Zugleich übernahm die Kirche aber die Praxis des mündlichen Vortrags von Geschichten und ließ professionelle Sänger aus der Bibel erzählen. Dabei bediente sie sich der Idiome der Siedler. Einen dieser Sänger nennt Beda mit dem Namen Cædmon, auf den einige erhaltene altenglische Gedichte zu biblischen Stoffen zurückgehen sollen. An der Wende zum 8. Jahrhundert soll sich Abt Aldhelm von Malmesbury auf Brücken gestellt haben, die Bauern auf dem Weg zur Feldarbeit passieren mussten. Dort soll er Lieder geistlichen Inhalts gesungen haben in der Absicht, die Gläubigen an die Pflicht zum regelmäßigen Besuch des Gottesdiensts zu erinnern. Im Britannien des späteren 7. und frühen 8. Jahrhunderts war Nordhumbrien das Zentrum dieser sprachlichen Standardisierungsbestrebungen, die vom Lateinischen ausgingen und die Basis für die Herausbildung allgemeiner Standards des Altenglischen legten. Mit seinem umfangreichen literarischen Werk hatte Beda Anteil an diesen Bestrebungen.

Gleichwohl blieb der Grad der Standardisierung der in Britannien geprochenen Sprachen der Siedler kontinentaler Herkunft bis ans Ende des 9. Jahrhunderts gering. Bis dahin sprachen diese Siedler Lokalsprachen. Auch die aus dem 7., 8. und 9. Jahrhundert in Schriftform erhaltenen Sprachdenkmäler bezeugen unterschiedliche Standards einer Schriftsprache. Wie weit diese Standards die gesprochene Alltagssprache der Siedler beeinflussten, bleibt unklar.

Demgegenüber legen Ortsnamen die Annahme nahe, dass noch mindestens im 7. Jahrhundert, vielleicht sogar bis ins 8. Jahrhundert in einigen Teilen des Siedlungsgebiets der Angelsachsen britisch-keltische Sprachinseln fortbestanden. So sind noch heute in der Mitte der Grafschaft Hampshire Ortsnamen erhalten, die, wie Andover und Micheldever, auf britisch-keltische Wurzeln zurückgehen. Die Kontinuität dieser Ortsnamen ist nur erklärbar unter der Voraussetzung, dass aus römischer Zeit bis in die Zeit der Entstehung der angelsächsischen Königreiche im 6. und 7. Jahrhundert Orte mit keltischsprachiger Bevölkerung in diesem Teil des Südthemsegebiets fortbestanden. Weitere Belege bietet der Typ jener Ortsnamen, die von dem griechischen Wort *ekklesia* als Bezeichnung einer christlichen Kirche abgeleitet sind, beispielsweise Eccleston. Der Name bedeutet «Gehöft bei einer Kirche», mithin bei einer Christengemeinde. Der Name ist keine Eigenbezeichnung, denn die Christen selbst hätten ihrer Siedlung keinen Namen gegeben, der für viele andere Siedlungen auch hätte gelten können, also nichts Spezifisches ausdrückte. Der Name entstand also als Bezeichnung unter Leuten, für die der Bau einer christlichen Kirche ein Spezifikum war, also Nicht-Christen, die in der Umgebung der Christengemeinde siedelten. Der Name ist in verschiedenen Teilen Britanniens belegt und bezeugt somit einerseits das Fortbestehen christlicher, britisch-keltischer Siedlungen über das Ende der römisch-kaiserlichen Verwaltung hinaus, andererseits die Zuwanderung nicht-christlicher Siedler vom Kontinent in die Umgebung dieser Gemeinden. Diese nicht-christlichen Siedler, die kein eigenes Wort für eine christliche Kirche haben konnten, übernahmen von ihren christlichen Nachbarn, von denen einige des Griechischen kundig gewesen sein können, die Bezeichnung für ein Gebäude und übertrugen sie auf die Siedlung. Auch andere Zeugnisse legen das Fortbestehen christlicher Einrichtungen in Britannien nach dem Ende der römisch-kaiserlichen Herrschaft nahe. So berichtet Beda vom Wirken eines Priesters britisch-keltischer Abkunft in Sussex, bevor der hl. Wilfrid als katholischer Missionar dort gegen Ende des 7. Jahrhunderts eintraf. Im Westteil des Königreichs Wessex könnte am Ort des Klosters Glastonbury eine Christengemeinde aus römischer Zeit fortbestanden haben. Jedenfalls behaupteten Überlieferungen des 12. Jahrhunderts diese Kontinuität.

Zwischen Christen und Nicht-Christen, britisch-keltischen Siedlern und Siedlern kontinentaler Herkunft war also Kommunikation möglich. Das Zusammenleben unter ihnen war mitunter konfliktreich, wie schon Gildas berichtete. Aber es herrschte keine Sprachlosigkeit unter ihnen. Warum die britisch-keltischen Bevölkerungsgruppen schließlich in dem Teil Britanniens, der heute England heißt, den sich dort langsam herausbildenden Sprachstandard des Altenglischen übernahmen, und nicht die Angelsachsen eine der britisch-keltischen Sprachen, warum mithin heute in England Englisch gesprochen wird und nicht Kymrisch, Gälisch oder Kornisch, gehört zu den großen Rätseln der Sprachgeschichte Britanniens.

3. Lebensgrundlagen

Der Niedergang der Städte in spätrömischer Zeit. Unter römischer Herrschaft herrschte in Britannien ein auf die Städte ausgerichtetes Wirtschaftsleben, wobei London zudem der Vorort der Verwaltung und des überregionalen Handels war. Die Landwirtschaft hatte Überschüsse zu erzeugen, die zur Versorgung der städtischen Bevölkerung erforderlich waren. Die Verteilung der Waren oblag professionellen Kaufleuten, die ihrem Gewerbe unter den von der Verwaltung und der Rechtsprechung gesetzten Bedingungen nachgingen. Sie benutzten das von der Verwaltung angelegte und unterhaltene Straßennetz, das ganz Britannien durchzog und in London seinen Zentralpunkt hatte. Die Leistungsfähigkeit dieses Wirtschaftssystems hing in der Hauptsache von zwei Faktoren ab – dem Zufluss von Kapital aus der Zentrale des Reichs, das heißt aus Rom, sowie der Unterstellung der römischen Verwaltung Britanniens unter die Herrschaft des Kaisers als Quelle des Rechts und der Legitimität. Beide Faktoren waren gewährleistet, solange in Britannien römische Legionen unter Waffen standen und in Städten stationiert waren. Zur Unterhaltung der Truppen trug der kaiserliche Fiskus wesentlich bei, und deren Anwesenheit ermöglichte es im Notfall der Verwaltung, ihre Entscheidungen auch gegen den Willen betroffener Bevölkerungsgruppen durchzusetzen. Ohne die Legionäre hingegen gingen die Nachfrage nach Gütern und die Umsätze der Kaufleute zurück. Folglich hatte der Abzug der Legionen zu Beginn des 5. Jahrhunderts negative Auswirkungen auf die Wirtschaft. Deutliche Hinweise auf wirtschaftlichen

Niedergang lassen sich noch heute an archäologischen Funden erkennen. In den Städten entstanden freie Flächen, die brachlagen oder landwirtschaftlich genutzt wurden. Doch auch ganze Städte konnten aufgegeben und zu Brachland werden. Die Stadt Winchester zum Beispiel entstand als Militärlager an der Straße von London nach Clausentum (heute Bitterne bei Southampton) und entwickelte sich zum Handelszentrum. Die militärischen Zwecken dienende Gliederung der Siedlung in rechtwinklige Straßenblocks ist an Teilen des innerörtlichen Straßennetzes noch heute ablesbar. Auch der auf *-chester* endende, von *castrum* (Militärlager) abgeleitete Name der Stadt bestätigt deren römischen Ursprung. Ausgrabungen im Stadtzentrum haben ergeben, dass Teile des innerörtlichen römischen Straßennetzes noch im 6. Jahrhundert benutzt wurden, während andere überwuchert, in Vergessenheit geraten und von neuen Wegen überlagert waren. Diese Indizien sprechen für eine abnehmende Bevölkerungsdichte, obwohl Winchester wohl nie ganz unbewohnt war. Gräberfelder mit Bestattungen, die auf Siedler kontinentaler Herkunft schließen lassen, sind aus dem 5. Jahrhundert in der Umgebung der Stadt nachweisbar. Sie deuten an, dass einige neue Siedler die räumliche Nähe der Städte suchten.

Hingegen erlosch die Stadt Calleva Atrebatum (Silchester, Berkshire) zu einem Zeitpunkt im 6. Jahrhundert vollständig. Auch sie war einst Militärlager, mit runder Außenmauer zwar, aber doch mit rechtwinkligem Straßennetz. Die Stadt lag auf einer Anhöhe oberhalb des Themsetals, ca. fünf Kilometer südlich der heutigen Stadt Reading, an der Straße vom Themsetal nach Winchester. Erdwälle, die im 5. oder 6. Jahrhundert aufgeschüttet wurden, machten die Straße für den Handelsverkehr unpassierbar. Ob die Anlage der Erdwälle der Grund für die Aufgabe der Stadt war oder ob umgekehrt die Erdwälle entstanden, nachdem der Handelsverkehr schon nachgelassen hatte und der Schutz der Bevölkerung durch den Abzug der Legionäre nicht mehr gewährleistet erschien, bleibt unklar. Jedenfalls war der Ort nicht mehr in das Handelsnetz Britanniens einbeschlossen, seit die Erdwälle den Gütertransport verhinderten. Von der einstigen Stadt blieben nur die Ummauerung und die

Silhouette des Theaters sichtbar. Das Gelände, das einstmals die Stadt getragen hatte, ist seither unbebaut geblieben mit Ausnahme des kleinen Gehöfts Silchester, das irgendwann vor dem 12. Jahrhundert auf den Ruinen entstand. Das innerörtliche Straßennetz und die Fundamente der Gebäude wurden Objekte archäologischer Forschung.

Aus Söldnern werden Siedler. Wahrscheinlich setzte der Niedergang des Wirtschaftssystems in Teilen des römischen Britanniens bereits ein, als sich die römische Verwaltung seit Beginn des 5. Jahrhunderts auf nur noch wenige Städte konzentrierte. Dieser Prozess der Ausdünnung der Verwaltung schuf herrschaftsfreie Räume, in denen Herrschaftsträger neuer, autonom gewordener Gruppen ihre Macht nur in kleineren Teilen der römischen Provinzen durchsetzen konnten. Wahrscheinlich bezog sich die Klage des Mönchs Gildas über die Friedlosigkeit seiner Zeitgenossen auf diesen Vorgang, der sowohl britisch-keltische Gruppen als auch Siedler kontinentaler Herkunft betraf. Es gibt zudem archäologische Funde, die für einige Orte das Bild kleinräumiger, dezentraler politischer Verhältnisse bestätigen; sie dürften die wirtschaftlichen Bedingungen für die Lebensführung sowohl der britisch-keltischen Bevölkerungsgruppen als auch der Siedler kontinentaler Herkunft bestimmt haben. So sind in der Stadt Canterbury, in der bis ans Ende des 6. Jahrhunderts Teile des innerörtlichen Straßennetzes erhalten sowie einige Gebäude intakt blieben, bisher mehr als dreißig Gebäude eines im kontinentalen Siedlungsgebiet der Sachsen häufigen Bautyps zumeist aus dem 5. Jahrhundert nachgewiesen worden. Es handelt sich um kleine, häufig rechtwinklige Gebäude mit tiefgelegtem und festgestampftem Boden. In diesen sogenannten Grubenhäusern finden sich häufig Überreste handwerklicher Tätigkeit, insbesondere Abfälle. Dieser Bautyp ist vor dem Zuzug von Siedlern kontinentaler Herkunft in Britannien nicht belegt, muss also auf Siedlungstätigkeit des 5. Jahrhunderts oder späterer Epochen zurückgehen. Die Grubenhäuser zeigen, dass Siedler kontinentaler Herkunft die römischen Städte nicht überall verschmähten, sondern sich auch in ummauerten römischen Siedlungen niederließen. Dort nutzten sie aber nicht nur die bestehenden Gebäude einfach weiter, setzten Ruinen wieder in Stand oder benutzten vorhandene Bauwerke als Steinbrüche für Neubauten, sondern hielten auch an den ihnen vom Kontinent her vertrauten Bautypen fest. Es ist schwer vorstellbar, dass die Siedler in Canterbury ihre Gebäude ohne das Wissen oder gegen den Willen der dortigen nachrömischen Stadtherren errichteten. Die Siedler kontinentaler Herkunft, die in Canterbury Grubenhäuser errichteten, traten wohl kaum als geschlossene Gruppe auf, sondern dürften Söldner gewesen sein, die der Stadtherr von Canterbury nach und nach in Dienst genommen hatte. Waren sie nicht im Einsatz, betrieben sie in der Stadt ein Gewerbe.

Andernorts gingen Herrschaftsträger anders vor als in Kent: Während dort Teile der aus der Römerzeit überkommenen Verkehrs- und Siedlungsstruktur erhalten blieben, formten sich sonst neue Siedlungslandschaften, zumeist agrarischer Prägung und ohne Anbindung an die älteren römischen Strukturen. In der heutigen Grafschaft Essex zum Beispiel entstand im frühen 5. Jahrhundert auf einer Anhöhe oberhalb des Nordufers der Themsemündung bei dem heutigen Weiler Mucking eine neue Siedlung, deren Bewohner kontinentaler Herkunft waren. Sie scheinen Krieger gewesen zu sein, aber auch Landwirtschaft und vielleicht Handel betrieben zu haben. Es gab dort mehr als 200 Grubenhäuser, aber auch mehr als ein Dutzend großer Gebäude. Hier also hatten britisch-keltische Herrscher den Siedlern, gewissermaßen auf der grünen Wiese, einen Platz zum Wohnen zugewiesen, wenn auch nicht gerade auf dem besten Boden. Von dort aus konnten sie problemlos und schnell gegen Eindringlinge in das Themsetal eingesetzt werden. Wir wissen zwar nicht, wer den Siedlern von Mucking den Ort zum Wohnen zuteilte, dürfen aber vermuten, dass diese als Söldner gekommen waren. Ähnliches darf für solche Orte gelten, welche die Siedler kontinentaler Herkunft im oberen Themsetal zwischen Reading und Oxford während des 5. Jahrhunderts anlegten.

Kriegsdienst als Einkommensquelle lässt sich zudem aus erhaltenen Waffenbeigaben erschließen. Gleichwohl dürfen die zahlreichen Waffenfunde in Gräbern nicht zu dem Schluss verleiten, alle mit Waffen bestatteten Personen kontinentaler Herkunft seien ausschließlich Krieger gewesen. Denn Waffen können einem Toten auch als Ehrbezeigung beigegeben worden sein, selbst wenn er zu Lebzeiten kein Krieger war. Dass auch Gräber von Kindern mit Waffenbeigaben aufgedeckt wurden, zeigt sinnfällig, dass der Brauch der Waffenbeigabe nicht immer mit militärischer Tätigkeit zu Lebzeiten verknüpft war. Im Gegenteil – Waffen, zumal wertvolle Schwerter, wurden in der Regel von Generation zu Generation vererbt. Sie können folglich nur zu Grabbeigaben geworden sein, nachdem eine Verwandtengruppe beschlossen hatte, sie ihrer ursprünglichen Bestimmung zu entziehen, oder wenn Waffen von vornherein als Grabbeigaben gefertigt worden waren.

Diejenigen Herrschaftsträger, die Söldner in Dienst nahmen, müssen auch über die Mittel zur Bezahlung dieser Krieger verfügt haben. Unterschiedliche Gebäudegrößen scheinen soziale Distinktion unter den Siedlern von Mucking anzudeuten, obwohl diese zugleich eine Gruppe von Nachbarn bildeten, die untereinander ein Netzwerk sozialer Beziehungen unterhielten. Dabei dürften mindestens einige unter den Söldnern zu Reichtum gekommen sein. Diesen Reichtum können sie mit erfolgreicher kriegerischer Tätigkeit oder auch durch Handel erworben haben. Es könnte sein, dass sich die wohlhabenderen Söldner allmählich dem Kommando desjenigen Herrschaftsträgers entzogen, der sie zunächst in Dienst genommen hatte, und begannen, Krieg auf eigene Rechnung auch gegen diesen Herrschaftsträger zu führen. Der Bericht des Gildas von Söldnerrevolten entbehrt folglich nicht einer gewissen Wahrscheinlichkeit.

Weitere Hinweise auf Bedingungen der Entstehung von Siedlungen liefert der Ortsnamentyp *Wīchām*, der sich breit gestreut über Britannien in Namen wie Wickham oder Wykeham findet. Es handelt sich um eine Kombination aus zwei Grundwörtern ohne Bestimmungswort. Das Grundwort *wīc-* geht in diesem Namentyp zurück auf die lateinische Wurzel *vicus*, Gehöft, während *-hām* ebenso Gehöft bedeutet. *Wīchām*, bezeichnete also ein Gehöft bei einem anderen Gehöft. Offenbar fügten die

Neusiedler bei der Namenbildung das vom Lateinischen abgeleitete Grundwort *wic-* mit dem ihnen geläufigen Grundwort *-hām* zusammen, damit sie die beiden Gehöfte mit Bewohnern unterschiedlicher Herkunft auseinanderhalten konnten. In Wīchām-Orten scheinen demnach Siedler kontinentaler Herkunft in der Nähe von Orten mit britisch-keltischer Bevölkerung gewohnt zu haben. Da der Ortsnamentyp die benachbarten Siedlungen aufeinander bezog, ist die Vermutung begründet, dass zwischen den Bewohnern Konflikte nicht die Regel waren. Auffällig ist zudem, dass einige der Wīchām-Orte in der Nähe von Römerstraßen lagen. Die Siedler kontinentaler Herkunft in diesen Siedlungen scheinen sich somit ihren Weg in das Landesinnere Britanniens auch entlang der Römerstraßen gesucht zu haben. Es ist schwer vorstellbar, dass diese Siedler von Anfang an mit der Absicht kamen, ihre britisch-keltischen Nachbarn zu unterwerfen. Welche Tätigkeiten die Siedler in den Wīchām-Orten ausübten, ist mangels archäologischer Funde bis heute nicht bekannt. Eine Aussage darüber, unter welchen rechtlichen Bedingungen die Siedler sich an den Wīchām-Orten niederließen, ist gleichfalls allein aus dem Ortsnamentyp nicht zu treffen.

Einsetzender Wohlstand. Das deprimierend anmutende Bild des wirtschaftlichen Niedergangs, des allmählichen Verfalls der römischen Herrschaftseinrichtungen an vielen Orten, der Zusammenbruch des auf Städte ausgerichteten gesamten Markts in den römischen Provinzen Britanniens und dessen Ersetzung durch kleine, überwiegend agrarisch geprägte und untereinander wenig vernetzte Wirtschaftsräume unter lokalen Herrschern hat Edward Thurlow Leeds und die von ihm beeinflusste archäologische Forschung zu der Vermutung veranlasst, dass die Neusiedler kontinentaler Herkunft in ihrer Mehrzahl arme Leute gewesen seien – entwurzelte Bauern, die eher schlecht als recht ihr Auskommen in Britannien gefunden zu haben schienen. Als Leeds im Jahr 1922 eine Siedlung des 5. Jahrhunderts bei Sutton Courtney (Berkshire) ausgrub, stieß er auf Grubenhäuser. Er interpretierte sie als Wohngebäude und schloss aus der Kleinräumigkeit, dass ihre Bewohner arme Kleinbauern gewesen sein mussten. Unreflektiert übertrug er auf diese Weise das Bild armer Auswanderer nach Amerika im 19. Jahrhundert auf die Siedler kontinentaler Herkunft des 5. Jahrhunderts. Gleichwohl deutet nichts darauf hin, dass die Grubenhäuser in der Hauptsache Wohngebäude waren. Bis heute ist es nicht gelungen, diesem Bautyp einen spezifischen Zweck zuzuweisen. Weder ist der Schluss von der Kleinräumigkeit eines bestimmten Bautyps auf die Wirtschaftskraft seiner Bewohner statthaft, noch begründet allein das Bild des wirtschaftlichen Niedergangs in Britannien die Vermutung, die Siedler kontinentaler Herkunft seien zumeist arme Leute gewesen.

Im Gegenteil legen nicht nur aufwendig gefertigte Gürtelschnallen, die offenbar militärischen Zusammenhängen entstammen, sondern auch wertvolle Schmuckstücke gerade des 5. Jahrhunderts den Wohlstand ihrer Eigentümer nahe, und dieser Befund gilt insbesondere für Kent. Einige Kunstgegenstände aus Grabfunden weisen beachtliche Ähnlichkeiten untereinander auf und dürften daher gemeinsamen Ursprungs sein. Dieser Ursprung kann in einer einzigen Werkstatt gesucht werden, wo Kaufleute sie erwarben und dann weiterverbreiteten, oder in dem Wirken wandernder Produzenten, die ihre Produkte in der Siedlung ihrer Kunden fertigten und verkauften. Handwerk und Handel können ineinander übergegangen und zugleich mit landwirtschaftlicher Tätigkeit verbunden gewesen sein. Jedenfalls ist angesichts entsprechender archäologischer Funde davon auszugehen, dass die Siedler vom Kontinent Wohlstand erwarben und Rang und Reichtum ihre Gruppen differenzierten, so dass eine soziale Ordnung, ja Hierarchie entstand. An deren Spitze scheinen gegen Ende des 6. Jahrhunderts autonome Herrschaftsträger insbesondere in Kent und in Nordhumbrien gestanden zu haben. Gleichwohl fehlt bisher für Britannien für das 5. und 6. Jahrhundert jeder Hinweis auf sogenannte Reichtumszentren, wie sie für den Kontinent, insbesondere für Skandinavien, gut belegt sind. Im nachantiken Britannien scheinen Herrschaftsträger demnach nicht über Mittel verfügt zu haben, die die Herstellung von Luxusgütern anregten und deren Verbreitung gefördert hätten. Vor dem 7. Jahrhundert, das heißt aus Zeiten vor der Entstehung von Sutton Hoo, ist bisher für das nachantike Britannien kein mit den kontinentalen Reichtumszentren vergleichbarer Fundort aufgedeckt worden, auch wenn die Anlage von Sutton Hoo in Ostanglien am Fundort Snape einen kleiner dimensionierten Vorläufer gehabt zu haben scheint.

Handel. Über Handelstätigkeiten in Britannien selbst ist aus dem 5. und 6. Jahrhundert wenig bekannt. Die im 7. Jahrhundert einsetzenden Schriftquellen, die Aussagen zum Handel enthalten, vermitteln den Eindruck, dass Handel zwar ein etabliertes Gewerbe war, dem aber hauptsächlich Personen nachgingen, die nicht in Britannien sesshaft waren. So bestimmte ein Gesetz aus dem späten 7. Jahrhundert, dass Kaufleute als Ortsfremde stets in der Lage sein sollten, die Herkunft der mitgeführten Waren anzugeben. Andernfalls würden sie des Diebstahls bezichtigt. In der Zeit vor dem Erlass dieses Gesetzes könnten also gewöhnliche Diebe ihr gestohlenes Gut als Handelsware angeboten haben. Handel scheint folglich in der Zeit zwischen dem Ende der kaiserlich-römischen Verwaltung und dem Ende des 7. Jahrhunderts häufig ohne Kaufnachweise und ohne ausgeprägte Rechtssicherheit betrieben worden zu sein, auch wenn er nie völlig zum Erliegen kam. Aber der Mangel an Rechtssicherheit könnte zum Niedergang des Handels beigetragen haben. Offenbar bedienten römische Händler, wie sie schon während der römischen Kaiserzeit in Nord-, Nordost- und Osteuropa jenseits der Grenzen des kaiserlichen Machtbereichs unterwegs waren, auch im 5. und 6. Jahrhundert sowohl diese fernen Märkte als auch die ehemaligen römischen Provinzen. Auch Kaufleute anderer Herkunft, zum Beispiel Franken, sind in diesem Gebiet für das 7. Jahrhundert nachgewiesen. So blieben selbst agrarisch geprägte Siedlungen und Landschaften folglich in das aus der römischen Kaiserzeit überkommene Handelsnetz eingebunden. Die Gerätschaften syrischen Ursprungs, die in Sutton Hoo vergraben wurden, mögen also durch ihren Wert herausragend gewesen sein, doch ihre ferne Herkunft allein machte sie noch nicht zu etwas Besonderem. Die in Sutton Hoo gefundenen 40 Münzen belegen zudem, dass grundsätzlich Waren gegen Münzen getauscht wurden, nicht aber, dass es einen geregelten Geldverkehr gab. Denn es könnte sein, dass die Münzen einfach als Wertgegenstände vergraben wurden, nicht aber als ein im Alltag gebräuchliches Tauschmittel zur kontinuierlichen Erleichterung des Handelsverkehrs.

Jene Siedler, die vom Kontinent nach Britannien gelangten, bestritten ihren Lebensunterhalt somit im Wesentlichen durch Landwirtschaft und Kriegsdienst, gelegentlich auch mit handwerklicher Tätigkeit und vielleicht mit Handel. Landwirtschaft und Kriegsdienst waren kombinierbar, da nicht das ganze Jahr hindurch Krieg geführt wurde. Auch waren die Söldner kontinentaler Herkunft keine kasernierten Legionäre in stehenden Heeren, sondern für ihre Verpflegung in Friedenszeiten selbst verantwortlich; und die Mittel zu ihrer Bezahlung flossen nicht mehr aus dem fernen Rom, sondern aus Britannien selbst. Söldner waren also gehalten, über längere Zeiträume im Jahr selbst für ihren Lebensunterhalt zu sorgen, wenn sie nicht zu kämpfen hatten. Einige Siedler ließen sich dort nieder, wo ihnen britisch-keltische Herrschaftsträger Plätze zuwiesen. Andere suchten sich ihre Heimstätten selbst. Nicht nur die politische Landschaft Britanniens im 5. und 6. Jahrhundert war folglich buntscheckig, sondern auch die Gemengelage kleinteiliger Wirtschaftsräume. Es scheint, als hätten sich die Siedler selbst vor Ort versorgt, soweit sie konnten. Und sofern sie Bedarf an Waren hatten, die ihnen am Ort nicht verfügbar waren, so traten Kaufleute in Aktion. Britannien blieb also mit dem Rest der Welt vernetzt.

4. Glaubensvorstellungen

Frauen, Herrscher, Missionare. Die Frage, wie es die Angelsachsen mit der Religion hielten, ist nur scheinbar leicht zu beantworten. Einfach zu beantworten ist sie in dem Sinn, dass die Angelsachsen, wie Beda in vielen Einzelheiten schildert, gegen Ende des 6. Jahrhunderts begannen, zum Christentum überzutreten, und weniger als hundert Jahre später zu Boten des katholischen Bekenntnisses auf dem Kontinent wurden. Schwierig hingegen ist es zu bestimmen, warum sie zum Christentum übergingen und warum sie Anhänger der römisch-katholischen, nicht der irisch-katholischen Kirche wurden.

An Bedas Berichten über Glaubenswechsel fällt auf, dass für ihn die Entscheidung, zum christlichen Glauben überzutreten, anfangs die Sache mächtiger und hochrangiger Frauen und Männer in Britannien war. Dabei ergriffen Frauen nicht nur die Initiative, sondern förderten den Wechsel mit Entschiedenheit. Als Bertha, die Tochter des Frankenkönigs Charibert I., gegen Ende des 6. Jahrhunderts Æthelbert, den König der Kenter, heiraten sollte, stellte sie die Bedingung, dass ihr, der Christin, gestattet sein müsse, einen katholischen Geistlichen nach Canterbury an Æthelberts nicht-christlichen Hof mitzubringen. So geschah es. Bertha bereitete ihrem Gatten den Weg zum Christentum, und der Geistliche in ihrer Begleitung sandte offenbar Berichte an die fränkische Kirche über das Leben bei den heidnischen Kentern. Auch die römische Kurie erhielt schließlich Kunde von den Berichten aus Canterbury. Papst Gregor I. griff sie auf, erhob den römischen Klosterprior Augustin zum Erzbischof und sandte ihn mit einem Beglaubigungsschreiben zu Æthelbert nach Canterbury. Der komplizierte Berichtsweg scheint Ursache dafür gewesen zu sein, dass dem Papst der Eindruck vermittelt wurde, Æthelbert sei König der Angeln. Beda überlieferte Gregors Brief mit eben dieser Titulatur. Dass nicht nur diese, sondern auch Æthelberts kentische Titulatur seiner eigenen Aussage über die angebliche Abstammung Æthelberts von den Iutae widersprach, störte Beda dabei nicht.

Ihm zufolge nahm Æthelbert auf Berthas Vermittlung hin den Erzbischof und dessen Gefolgsleute gnädig auf und gestattete ihnen zu missionieren. Augustin ließ eine alte Kirche wieder aufbauen und gründete ein Kloster. Seine Begleiter zogen weiter nach Rochester und London und begannen, auch in Nordhumbrien zu missionieren. In Kent ließ sich der König bald taufen. Doch unter seinem Sohn Eadbald, der nach anfänglicher Bekehrung dem Christentum wieder entsagt hatte, sammelten sich Gegner des Glaubenswechsels. Nach Æthelberts Tod im Jahr 616 formierten sich diese Gegner unter Eadbald zu einer anti-christlichen Bewegung, die den Erfolg des Missionswerks Augustins in Frage stellte. Aber Æthelberts Enkel Eorcenbert wiederum unterstützte nach Eadbalds Tod im Jahr 640 die Missionstätigkeit ohne Einschränkung. Auch andernorts, insbesondere in Nordhumbrien, schritt die Mission mit maßgeblicher Unterstützung von Frauen als Angehörigen königlicher Dynastien rasch fort. Die Missionare gingen immer in derselben Weise vor wie in Kent. Sie versuchten, Zugang zu den königlichen Dynastien zu finden und möglichst schnell die Herrscher selbst für den Glaubenswechsel zu gewinnen. Sie erwarteten, wohl mit guten Gründen und in Kenntnis der Erfahrungen ihrer Vorgänger im Frankenreich des ausgehenden 5. Jahrhunderts, dass nach der Bekehrung der königlichen Dynastien der Glaubenswechsel der Gefolgsleute der Könige und der landsässigen Bevölkerung leicht durch Beispiel und Befehl von oben her gelingen werde. Wenn Bedas Bericht Glaubwürdigkeit beanspruchen darf, so war diese Strategie gut gewählt. Seinem Missionserzbischof Augustin gab Papst Gregor I. gleichwohl die Anweisung, nichts zu überstürzen, insbesondere nicht von den eben erst Konvertierten zu verlangen, dass sie die christlichen Lehren und Verhaltensvorschriften sofort penibel und unbedingt einhielten. Auch nach dem förmlichen Bekenntnis zum Christentum könnten die neu gewonnenen Gläubigen zunächst einige ihrer gewohnten Verhaltensweisen fortführen, meinte Gregor. Unerbittlich blieben Gregor und die Missionare aber bei der Forderung nach Einhaltung des Ersten Gebots: Jeder Versuch der Verbindung nicht-christlicher und christlicher Kulte, wenn auch nur vorübergehend, war zu untersagen. Als der noch nicht bekehrte ostanglische König Rædwald am Anfang des 7. Jahrhunderts die Aufstellung nicht-christlicher neben christlichen Altären zuließ, zogen sich die Missionare zurück. Für den Gott der Christen war neben nicht-christlichen Göttern kein Platz. Statt einem Nebeneinander alter und neuer Religion forderte die katholische Kirche den Übertritt zum Christentum ohne jede Einschränkung.

Bistümer und Klöster. Missionare errichteten christliche Kirchengebäude über Gebäuderesten aus römischer Zeit und gründeten zuallererst neue Bistümer in Römerstädten wie Rochester, London, Leicester, Worcester, Dorchester an der Themse, Winchester und York. Bereits um die Mitte des 7. Jahrhunderts war in Britannien das Gebiet der Siedler kontinentaler Herkunft mit einem Netz von Bistümern überzogen. Doch hatten nicht alle Bistümer von Anfang an einen festen Hauptort, insbesondere in Gegenden wie Ostanglien, wo römerzeitliche Siedlungen nicht mehr als Städte genutzt wurden. Dort zogen die Bischöfe missionierend umher. Anderswo wurden Bistumssitze von Stadt zu Stadt verlegt. Das für Wessex zuständige Bistum entstand zuerst in Dorchester an der Themse im Jahr 634, wurde aber bereits 648 nach Winchester verlegt, wo ab 662 ein Bischof residierte. Seit Ende des 7. Jahrhunderts mit Landschenkungen der westsächsischen Könige bedacht, wuchs die Stadt insbesondere durch neu gegründete Klöster. In den Klöstern von Winchester wie auch andernorts fanden Frauen und Männer, mitunter schon im Kindesalter, Aufnahme und erfuhren eine Bildung im Sinn des Christentums. Auch dies war Teil der Missionsstrategie. Je früher junge Menschen der nicht-christlichen Umgebung ihrer Verwandtschaft entfremdet werden konnten, umso einfacher würde der Glaubenswechsel zu vollziehen sein. Zumal in den Klöstern Nordhumbriens entstanden Schulen, in denen Mönche und Nonnen Lateinisch lesen und schreiben lernen und so mit der lateinischen Fassung der Bibel und den wichtigsten Überlieferungen der katholischen Kirche vertraut werden konnten. Das Bildungsangebot wurde vielerorts gern angenommen. Die Klöster wuchsen. Wer etwas auf seine Bildung hielt, schrieb auch in Britannien wieder auf Lateinisch.

Mit Synoden unter der Kontrolle des Erzbischofs von Canterbury suchte die Kirche die Orthodoxie zu bewahren und Streit über Glaubenslehren beizulegen. Dabei ging es um praktische Probleme, wie etwa die angemessene Berechnung des Datums des Osterfests oder auch um knifflige dogmatische Fragen wie jene, ob Christus einen freien Willen habe. Indes wuchs die Zahl der Gläubigen in Britannien schneller als die kirchliche

Organisation. Weder das Kapital noch die Organisationskapazität des Erzbistums Canterbury reichte zur Gründung so vieler Kirchen, dass in jedem Dorf eine Kirche sein und ein Priester den Gottesdienst leiten konnte. Auch die Zahl der vom Erzbistum kontrollierten Klöster stieg langsamer als die Zahl der eintrittswilligen jungen Frauen und Männer. Also förderte das Erzbistum das Bestreben wohlhabender Landeigner, die auf eigenem Boden Kirchen bauten, Priester auf eigene Rechnung beschäftigten und Klöster errichteten. Die Eigenkirchen gläubiger Laien füllten zwar ein Vakuum, doch um einen hohen Preis. Denn die in den Eigenkirchen tätigen Priester hörten zuallererst auf das Wort der Kirchenherrn, auch wenn sie damit in ihrer Tätigkeit gegen das eine oder andere Dogma verstoßen mussten. In den Eigenklöstern breiteten sich Verwandtengruppen der jeweiligen Klosterherren aus und richteten sogar Heiligenkulte um einige ihrer verstorbenen Angehörigen ein. Die Eigenklöster mit ihren Kirchen wurden so zu Kultstätten privilegierter Verwandtengruppen, insbesondere königlicher Dynastien, ohne dass das Erzbistum Canterbury die Lebensführung in den Klöstern hätte regeln können. In manchen Klöstern fanden sogar nicht-christliche Götter, wie etwa Wodan, und allerlei Helden sehr wohl immer noch neben dem Gott der Christen ihren Platz. Dort erscholl nicht nur gregorianischer Choral, sondern auch eine Vielzahl weltlicher Lieder in Begleitung der Harfe. Noch gegen Ende des 8. Jahrhunderts schimpfte der aus Nordhumbrien stammende gelehrte Abt Alkuin von St. Martin in Tours, dass in den Klöstern seiner nordhumbrischen Heimat Lieder über einen Helden namens Ingeld zu hören seien. Was aber Ingeld mit Christus zu tun habe, fragte er rhetorisch. Natürlich nichts, hätte die Antwort lauten müssen, die er unausgesprochen ließ. Für Alkuin war diese Frage keine Nebensächlichkeit. Denn er vermutete, dass das Singen von Liedern zur Verherrlichung weltlicher Helden für Mönche und Nonnen böse Folgen habe: Die Klosterinsassen hätten, so glaubte er, den Zorn Gottes heraufbeschworen, der sie für die Verherrlichung des Helden Ingeld mit der Zerstörung ihrer Klöster durch die Wikinger gestraft habe.

Beda und die heiligen Frauen. Die Amtskirche scheint auch andernorts ihre liebe Not mit einigen Klöstern gehabt zu haben, die wohlhabende Landeigner gegründet hatten. Der wichtigste Anhaltspunkt für diese Vermutung findet sich wieder bei Beda. Denn in seinem Bericht über den Glaubenswechsel der Angelsachsen scheinen keineswegs alle (oder auch nur die meisten) der im Verlauf des 7. Jahrhunderts gegründeten Klöster auf. Bei jener Auswahl der Klöster, die Beda einer Erwähnung für würdig befand, könnte zwar der Umstand eine Rolle gespielt haben, dass selbst Beda, der über ein ausgezeichnetes Netzwerk an Informanten verfügte, nicht über alle in seiner Lebenszeit in Britannien bestehenden Klöster hinreichend unterrichtet war. Doch er schwieg auch von Klöstern in Gegenden, über die er gut unterrichtet war, insbesondere in Kent. Das ist umso bemerkenswerter, als in einigen kentischen und ostanglischen Klöstern, die keinen Eingang in Bedas Bericht fanden, Frauen und Männer als Heilige verehrt wurden, die großen Anteil an der Förderung des Glaubenswechsels gehabt hatten. Sie wären also eigentlich für Bedas Bericht wichtig gewesen.

Jene, die diese Klöster gründeten oder hauptsächlich förderten, gehörten zu einer Nebenlinie der Dynastie der kentischen Könige. Aus dieser Nebenlinie gingen nicht weniger als acht – zumeist weibliche – Heilige hervor, die in zahlreichen insularen Heiligenverzeichnissen, Litaneien und Kalendarien verzeichnet sind. Von ihnen waren mindestens fünf Zeitgenossinnen Bedas, der sich gleichwohl über diese Glaubensbotinnen ausschwieg. Zuerst zu nennen ist Eormenburh/Domne Eafe, Gemahlin Merewalhs, des «Königs» der Magonsæte, Förderer des Glaubenswechsels ihres Gemahls und später Gründerin des Klosters Minster-in-Thanet in Kent, die als Aebba Empfängerin in Urkunden im Namen kentischer Könige aufscheint, aber nicht als Heilige verehrt wurde. Außer ihr gehören in diese Gruppe Æthelbert und Æthelred, zwei zu Märtyrern gewordene Söhne des Königbruders Eormenreds, die hl. Eormengyth, Schwester der Eormenburh/Domne Eafe, der hl. Merefinn, die hl. Milburh, Äbtissin des Klosters Much Wenlock in Shropshire, gestorben 718, die hl. Mildgyth, Nonne in Eastry, Kent, die hl. Milthryth, alle drei

Kinder der Eormenburh/Domne Eafe, und die hl. Eadburh, die wohl zur kentischen königlichen Dynastie gehörte und um 760 starb. Milthryth folgte ihrer Mutter als Äbtissin in Minster-in-Thanet. Ferner sind zu dieser Gruppe zu zählen die von Beda ebenfalls nicht erwähnten hl. Eormenhild, Tochter der hl. Seaxburh und Gemahlin König Wulfheres von Merzien sowie Äbtissin des Klosters Ely, die hl. Wihtburh, Schwester der hl. Seaxburh, die hl. Sæthryth, Halbschwester der hl. Seaxburh, sowie die hl. Werburh, Tochter der hl. Eormenhild.

Einige hochrangige Frauen der kentischen Dynastie traten also im Zusammenhang mit Ehebündnissen als Botinnen des Katholizismus und Förderer der Mission im 7. Jahrhundert auf. Der Einsatz königlicher Prinzessinnen zur Förderung der Mission blieb also nicht auf die Eheschließung Berthas mit Æthelred von Kent beschränkt. Beda selbst gedachte der herausragenden Rolle, die Berthas Töchter Æthelburh «Tate» als Gemahlin König Edwins von Nordhumbrien sowie Ricula als Gemahlin König Sledds von Essex bei der Katholisierung dieser beiden Königreiche spielten. Dass in Nordhumbrien die katholische Mission politisch bedeutsam war, ergibt sich zudem aus den Berichten über das Wirken des wohl umstrittensten Kirchenmanns des 7. Jahrhunderts, des hl. Wilfrid, der im Jahr 709 verstarb. Wilfrids vorrangiges Ziel war es, das Bistum York zum zweiten katholischen Erzbistum in Britannien aufzuwerten. Dreimal fuhr er nach Rom in der Absicht, den Papst für den Plan zu gewinnen und so gegen die Interessen des für Britannien insgesamt zuständigen Erzbischofs von Canterbury durchzusetzen. Doch die Päpste zögerten – nicht zuletzt, da mit der Rangerhöhung des Bistumsvororts York auch eine Aufwertung der nordhumbrischen gegenüber den kentischen Königen einhergegangen wäre. Erst nach Wilfrids Tod wurde im Jahr 735 York zum Erzbistum erhoben. Beda ging auf die Missions- und Organisationsleistung Wilfrids ein, der seine Romreisen mit Missionstätigkeit in Sussex, Wessex und Friesland verband. Die für die Ausbildung der Kirchenorganisation in Britannien bedeutenden Vorgänge der Katholisierung Kents und Nordhumbriens schildert Beda mithin als Resultate von Heiratsbeziehungen, durch die christliche Priester in Begleitung der Bräute in nicht-christliche Königreiche gelangten. In derselben Weise scheint die Katholisierung Merziens von Kent aus erfolgt zu sein. Der Glaubenswechsel in Kent, Nordhumbrien und Merzien war eine Sache der hohen Politik.

Kriegsgott und Christengott. Die Weisung Papst Gregors I. an seinen Missionar Augustin, er möge den Konvertiten bei der Gewöhnung an die christlichen Gebote Zeit gewähren, deutet darauf hin, dass diese Unterschiede zwischen den Geboten nicht-christlicher und christlicher Lebensführung die Grundlagen des Alltagslebens zumal der weltlichen Herrschaftsträger betrafen. Es ist nicht leicht, diese Unterschiede zu bestimmen, da wir über die nicht-christliche Lebensweise der Konvertiten zumeist nur aus christlicher Überlieferung wissen. Einige Zeugnisse passen immerhin zu der Aussage Bedas, dass der auf dem Kontinent bekannte Kriegsgott Wodan in Britannien noch über die Phase der Katholisierung hinaus politische Bedeutung hatte, auch wenn Beda für diese Zeit den Glauben an die Göttlichkeit Wodans nicht bestätigt. So bezeugt Beda für das 8. Jahrhundert, in Übereinstimmung mit zeitgenössischen Königsgenealogien, dass Wodan in enger Verbindung mit weltlichen Herrschaftsträgern, insbesondere den königlichen Dynastien stand. Es ist daher wahrscheinlich, dass einige Siedler kontinentaler Herkunft den Kult Wodans vom Kontinent nach Britannien getragen hatten. Die Prominenz dieses Kriegsgotts, insbesondere in den Zeiten der Migration, erlaubt den Schluss, dass zumindest in einigen Siedlergruppen nicht nur Kriegshandwerk eine anerkannte Einkommensquelle darstellte, sondern dass zugleich Kriegstüchtigkeit eine Quelle von Macht und Ansehen, ja auch der Legitimität von Herrschaft sein konnte. Dass vor diesem Hintergrund ein Kriegsgott besondere Bedeutung hatte, liegt auf der Hand. Welchen Einfluss man Wodan, wahrscheinlich zusammen mit anderen übernatürlichen Mächten, auf den Erfolg des Handelns von Kriegern zurechnete, ergibt sich aus einer Einzelheit des Zierats des Helms von Sutton Hoo. Darauf ist ein berittener Lanzenträger abgebildet, an dessen Lanze ein kleines Wesen in der Form einer Swastika – eine Art Hakenkreuz – hängt. Die Abbildung entspricht einem auch auf dem Kontinent bekannten zeitgenössischen Bildtyp, der einen übernatürlichen Sieghelfer darstellt. Mit Hilfe der Figur in Swastikaform sollte die Lanze ihr Ziel erreichen können. Die Figur gewährte also Hilfe in der Schlacht. Krieger sollten sich mithin nicht nur auf ihre eigenen Kräfte verlassen, sondern auch die Hilfe übernatürlicher Mächte in Anspruch nehmen können. Die Eingliederung Wodans in die herrscherlichen Ahnenreihen wies die königlichen Dynastien, sozusagen durch Geburt, als Empfänger von Zuwendung durch eine übernatürliche Macht aus und verlieh ihnen dadurch eine privilegierte Stellung gegenüber allen, die eine Wodansabkunft nicht für sich geltend machen konnten. Die Angehörigen königlicher Dynastien, die Missionaren der katholischen Kirche gestatteten, in ihrer Umgebung zu wirken, versuchten also, die Wirkkraft des neuen Gotts an der Kraft Wodans zu messen. Zeigte Wodan sich als der Schwächere, stand dem Glaubenswechsel nichts entgegen.

Die christliche Überlieferung kannte Beispiele, die eine solche Denkweise begünstigten: In der im Abendland weit verbreiteten Lebensbeschreibung des römischen Kaisers Konstantin hieß es, der Kaiser habe eine Kreuzesvision gehabt und infolgedessen vor Beginn einer Schlacht im Jahr 312 das Kreuz auf den Schilden seiner Legionäre abbilden lassen. Nach dem Sieg habe er das Christentum gefördert. Bischof Gregor von Tours berichtet, dass am Ende des 5. Jahrhunderts der Frankenkönig Chlodwig vor einer Schlacht gegen die Alemannen um Hilfe durch den Gott der Christen gebetet und sich nach seinem Sieg habe taufen lassen. In seiner Lebensbeschreibung des hl. Columba überliefert Abt Adamnan von Hy ein weiteres Zeugnis desselben Gedankens im Zusammenhang mit Oswald, dem König der Bernizier. Diesem soll vor einer Schlacht gegen den heidnischen britischen König Cadwallon der hl. Columba im Traum erschienen sein. Oswald habe sich erhoben, zwölf Gefolgsleute zusammengerufen, ein Kreuz errichtet und gelobt, sich nach gewonnener Schlacht zum Katholizismus zu bekehren. Laut Beda gewann der König die Schlacht und stieg in der Folgezeit zum

Märtyrer auf. Bischof Gregor von Tours und Adamnan von Hy spielten mit ihren Berichten über Chlodwig und Oswald auf die Lebensbeschreibung Konstantins an. Aber das bedeutet nicht, dass sie ihre Berichte nur nach dem Vorbild der Konstantinslegende gestalteten. Denn auch fromme Geschichten müssen für ihre Leser glaubhaft und eingängig sein. Gemeinsam ist den an die Konstantinslegende anknüpfenden Berichten die Erwartung, dass die Anrufung Christi oder eines Heiligen, verbunden mit dem Versprechen des Glaubenswechsels nach gewährtem Erfolg, Vertragscharakter hatte: Wenn Christus oder ein Heiliger als Vermittler göttlicher Gnade wirkmächtiger waren als Wodan mit seiner übernatürlichen Macht, dann konnten sich Herrscher und ihre Gefolgsleute zum christlichen Glauben bekennen und ihn fördern. In der Wahrnehmung und im Denken jener weltlichen Herrschaftsträger, die als Krieger Erfolg suchten, hatte der Gott der Christen mit den nicht-christlichen Göttern zu konkurrieren und sich in dieser Konkurrenz als der wirkmächtigere Sieghelfer zu erweisen. Waren die weltlichen Herrschaftsträger fest in den christlichen Glauben eingebunden, konnten und mussten sie im eigenen Interesse als Unterstützer der katholischen Kirche handeln, da die katholische Kirche nunmehr zur Legitimitäts- und Erfolgsvermittlerin geworden war. Weltliche Herrschaftsträger konnten in Situationen, die sie als für sich selbst bedrohlich wahrnahmen, auf Unterstützung durch geistliche Herrschaftsträger der katholischen Kirche hoffen. Der Glaubenswechsel war demnach zunächst die persönliche Entscheidung einzelner Herrschaftsträger, deren unmittelbare Nachfolger sie aber ebenso durch ihre persönliche Entscheidung rückgängig machen konnten. Denn die Gegner des Glaubenswechsels argumentierten wie dessen Befürworter: Waren die Befürworter überzeugt, dass die Gnade des Gottes der Christen mächtiger sei als der Schutz der alten Götter, so befiel die Anhänger der alten Götter die Furcht, der Glaubenswechsel könne Niederlagen zur Folge haben. Das Denken und die Ethik der Konvertiten blieben also zunächst den vorchristlichen Grundsätzen verhaftet. Im Idealfall konnten weltliche Herrschaftsträger den Abfall vom christlichen Glauben verhindern, wenn sie zu Heiligen aufstiegen und in Eigenkirchen und -klöstern ebendieser königlichen Dynastien kultische Verehrung fanden. Die Heiligen selbst konnten dann wieder als Sieghelfer und Legitimitätsspender wirken und die Wahrnehmung der Macht des Gottes der Christen auf Dauer befestigen.

Glaube, Bildung, Politik. In Britannien wirkten die Grundsätze des nicht-christlichen Denkens und der nicht-christlichen Ethik bis ans Ende des 7. Jahrhunderts weiter. Erkennbar ist die Abkehr von diesen Grundsätzen beispielsweise an dramatischen Geschichten aus der zweiten Hälfte des 7. Jahrhunderts, da junge Frauen und Männer sich von ihren Eltern trennten, gegen deren erbitterten Widerstand das angestammte Gehöft verließen und Aufnahme in Klöstern suchten. So wird in der Lebensbeschreibung des aus Wessex gebürtigen hl. Bonifatius berichtet, dieser habe sich als Knabe zum Eintritt in ein Kloster entschieden. Als die Eltern ihn weinend mit der Klage, niemand werde sich im Alter um sie kümmern, von seinem Entschluss abzubringen versuchten, schob der junge Bonifatius sie zur Seite und ging für immer fort. Die Klöster boten Möglichkeiten zum Aufstieg in hohe kirchliche Ämter – Anreize, die die nicht-christlichen Verwandtengruppen nicht bieten konnten. Diese Möglichkeiten standen – wenn auch in geringerem Maß – auch Frauen offen. Zwar waren sie nach katholischer Lehre zum Priesteramt nicht zugelassen, aber sie konnten Äbtissinnen werden und als solche über große Klostergemeinschaften Herrschaft ausüben. Junge Frauen und Männer dürften zudem das in den christlichen und klassisch-lateinischen Überlieferungen gründende Bildungsangebot der Klöster seit dem 7. Jahrhundert als dem traditionellen Wissenskanon der Verwandtengruppen als überlegen angesehen haben. Wenn aber ganze Verwandtengruppen selbst als Glaubensboten und Klostergründer auftraten, konnte es vorkommen, dass diese Gruppen ihr angestammtes Wissen innerhalb der Klöster weiterpflegten. Je mehr Gefolgsleute und Untergebene der königlichen Dynastien und anderer weltlicher Herrschaftsträger im Verlauf des 7. Jahrhunderts zum Katholizismus übertraten, desto mehr entpolitisierte sich der Glaubenswechsel, betraf dann nicht mehr in erster Linie Belange der Legitimität von Herrschaft, sondern das tägliche Zusammenleben von Verwandten und Nachbarn.

Die römische und die irische Kirche. Die römisch-katholische Kirche konnte sich gegen die noch im 7. Jahrhundert in Britannien tief verwurzelte irische Kirche durchsetzen, da sie ihre Missionsstrategie darauf richtete, den Glaubenswechsel von oben durchzuführen. Zu diesem Zweck versuchte sie, Koalitionen zwischen hohen weltlichen und kirchlichen Herrschaftsträgern zu schaffen. Die katholischen kirchlichen Herrschaftsträger konnten weltlichen Herrschaftsträgern in kritischen Situationen Legitimität und politische Unterstützung gewähren und waren in dieser Eigenschaft den irischen Geistlichen überlegen. Diese errichteten ihre Kirchenorganisation auf der Basis von Klöstern, die selbst Bischofssitze sein konnten. Die irische Kirchenorganisation war also wenig hierarchisch geprägt, indem sie den urchristlichen Gedanken der sich selbst organisierenden Gemeinden von Gläubigen fortführte. Irische Klöster entstanden häufig an abgelegenen Orten, wie etwa auf der Insel Lindisfarne, die der nordhumbrischen Nordseeküste vorgelagert ist. Die irische Kirche war daher ebenso pluralistisch sowie dezentral und entbehrte insbesondere im 7. Jahrhundert der Unterstützung durch weltliche Herrschaftsträger. Hingegen versuchte die katholische Kirche, ihre Bischofssitze in den Zentren weltlicher Herrschaft einzurichten. Beda beschrieb am Beispiel des Streits über die angemessene Berechnung des Ostertermins, welche Konsequenzen der irisch-katholischen Kirche aus dem Mangel an Unterstützung durch die königliche Dynastie Nordhumbriens entstanden waren. Die Synode von Whitby, die im Jahr 664 diesen Streit entschied, tagte unter dem Vorsitz König Oswius und entschied zugunsten des Berechnungsmodus der katholischen Kirche. Danach konnten in den folgenden Jahrzehnten katholische Bischöfe die irischen Geistlichen aus der Kirchenorganisation Nordhumbriens verdrängen und den Katholizismus durchsetzen. Seit dem Ende des 7. Jahrhunderts war Rom in Britannien wieder präsent, nicht nur als der Sitz der päpstlichen Kurie und als Zentrum der katholischen Christenheit, sondern auch als Modell für Kirchengebäude aus Stein in den Städten und auf dem Land. Das Mauerwerk der Kirche von Brixworth in Northamptonshire, ein Gebäude wohl aus dem 7. Jahrhundert, zeigt römisches Antlitz noch heute.

5. Herrschaftsformen

Anfänge königlicher Herrschaft. Die Beschreibung der Umstände des Glaubenswechsels verdeutlichte es schon: Über die nicht-christlichen Herrschaftsformen der Angelsachsen wissen wir wenig, und das Wenige wissen wir aus christlichen Quellen. Auch aus archäologischen Funden lassen sich kaum genaue Erkenntnisse über Entstehung und Ausprägung der Herrschaftsverhältnisse in den Königreichen der Angelsachsen gewinnen, selbst wenn die Kultstätte von Sutton Hoo den hohen Rang der dort verehrten Person belegt und damit die Erwartung nahelegt, dass Macht und Besitz ungleich verteilt waren.

Offenbar entstanden die angelsächsischen Königreiche in Britannien gegen Ende des 5. und während des 6. Jahrhunderts allmählich dadurch, dass sich unter lokalen Befehlsträgern Hierarchien ausbildeten. Nicht alle Herrscher, die den Königstitel führten, hatten dieselben Befugnisse. Wie sie diese Befugnisse erworben hatten, bleibt oft unklar. Lediglich für Sussex lässt sich der Befund rekonstruieren, dass es dort wohl schon seit dem Ende des 5. Jahrhunderts Netzwerke von Siedlungen gab, in denen Söldner kontinentaler Herkunft unter solchen lokalen Befehlsträgern wohnten. Einen dieser Befehlsträger erwähnt Beda mit dem Namen Ælle. Ob Ælle bereits damals über das Gesamtgebiet, das später Sussex genannt wurde, als König herrschte, bleibt unklar, da Beda ihn nicht als König tituliert. Um 700 gab es dort zu gleicher Zeit hingegen mehrere Herrscher, die den Königstitel trugen. Dass um 700 in Sussex gleichzeitig mehrere Könige Befehlsgewalt hatten, könnte darauf hindeuten, dass der Vorgang der Entstehung einer einzigen, das Gesamtgebiet von Sussex umfassenden Königsherrschaft zu Bedas Lebzeiten noch nicht abgeschlossen war. Wie dieser Vorgang andernorts in Britannien ablief, wissen wir nicht. Keinesfalls kann jedoch damit gerechnet werden, dass römische oder römisch-britische Herrschaftsinstitutionen über das 6. Jahrhundert hinaus flächendeckend die Gebiete erfassten, die unter die Kontrolle der Siedler gekommen waren. Dennoch könnten Reste der Infrastruktur der lokalen römischen Herrschaft die Grundlage für die Amts- und Verwaltungsbezirke geboten haben, wo nicht nur römische Straßen, sondern auch Bauwerke aus der Römerzeit bis ins späte 6. Jahrhundert weiter genutzt wurden. In Kent hatte ein «östlicher Amtsbezirk» unter kentischer Herrschaft (Eastorege, heute der Ort Eastry in Ostkent) schon vor dem 7. Jahrhundert sein Verwaltungszentrum am Ort einer Villa aus römischer Zeit. Die vom Kontinent kommenden Migranten könnten früh die Vorstellung entwickelt haben, dass die Straßen wie schon in der Römerzeit in Besitz und unter Rechtsaufsicht der Herrscher über Kent stehen. Jedoch war, was für Kent galt, anderswo in Britannien nicht gültig.

Landbesitz als Grundlage von Herrschaft. Wie wenig umfangreich die Befugnisse dieser zu königlichen Würden aufgestiegenen Herrschaftsträger waren, ergibt sich aus einer Betrachtung der beiden hauptsächlichen Formen des Landbesitzes, die den Angelsachsen bekannt waren. Diese waren das sogenannte *Folcland*, das in Gemeinbesitz der Siedler eines Orts stehen sollte, und das sogenannte *Bocland*, über das Einzelpersonen oder Verwandtengruppen allein verfügen konnten. *Folcland* scheint mindestens bis ins 8. Jahrhundert als unveräußerlich gegolten zu haben. Auch war seine Nutzung offenbar an die Übernahme bestimmter Dienstleistungen an die Gemeinschaft gebunden. Selbst die Könige hatten wohl keine Vorrechte in der Nutzung von *Folcland*. Ganz anders gestalteten sich die Nutzungsrechte für das *Bocland*. Es konnte veräußert und vererbt werden, verlieh mithin seinen Nutzern einen herausragenden Status. *Bocland* ist für die Königreiche Kent, Essex, Sessex, Wessex, Surrey und Merzien seit dem ausgehenden 7. Jahrhundert, nicht jedoch für Nordhumbrien und Ostanglien, nachgewiesen, und zwar in Urkunden, die Übertragungen von Nutzungsrechten an

Bocland belegten. Die Landeigner, die die Urkunden nennen, sind zumeist Könige sowie Träger hoher Kirchenämter oder gar kirchliche Institutionen, mitunter auch weltliche Adlige. Anders gesagt: Ob jemand Eigentümer von *Bocland* war, können wir heute erst erkennen, nachdem eine Übertragung von Eigentumsrechten stattgefunden hatte, die in Urkunden ihren Niederschlag fand. Gleichwohl war es keineswegs zwingend, dass Rechtstitel an *Bocland* immer und überall in Schriftform niedergelegt sein mussten. Vielmehr konnten in Britannien wie auch auf dem Kontinent mündliche Traditionen Eigentumsrechte verbürgen. Die Bezeichnung *Bocland* (d. h. Buchland, mithin das Land, dessen Eigentum durch eine Urkunde bestätigt ist) steht dem nicht entgegen; denn diese Bezeichnung kam erst im Hochmittelalter auf. Woher die Rechte der Könige und anderer weltlicher Eigentümer stammten, bleibt unklar. Für die Meinung der älteren Forschung, das *Bocland* stamme aus altem römischem Domänenbesitz, gibt es keinen Beleg. Als Eigentümer von *Bocland* hatten die Könige keinen Vorrang vor nichtköniglichen Eigentümern, auch wenn die königlichen *Boc*-Ländereien erheblich größer gewesen sein mögen als diejenigen anderer weltlicher Eigentümer. Es ist dennoch nicht erkennbar, dass die weltlichen Eigentümer ihre Rechtstitel ursprünglich von einem König hatten verliehen bekommen, sondern sie waren wohl Eigentümer in eigenem Recht, auch wenn hin und wieder ein Adliger für seine Dienste vom König mit einer Landschenkung belohnt werden konnte. Wie andere weltliche Eigentümer konnten auch Könige Land nur mit Zustimmung hochrangiger Laien und Kleriker abtreten. Der Landbesitz kirchlicher Einrichtungen, insbesondere von Klöstern, stand demjenigen der Könige nicht nur nicht nach, sondern übertraf ihn wohl schon seit dem späteren 8. Jahrhundert. Klöster und Kirchen waren die häufigsten Empfänger von Landschenkungen durch Könige und weltliche Herren. Infolge dieser Schenkungen wuchs der Kirchenbesitz zur bedeutendsten Einkommensquelle in der agrarischen Wirtschaft. Umgekehrt schmälerte sich die Basis für direkte Einkünfte der Könige, deren Herrschaft zunächst nur in direkter Kontrolle über das *Bocland* und deren Bewohner bestand. Darüber hinausgehende Herrschaftsrechte waren begrenzt.

Rechte der Könige. In Kent hatten Könige etwa das Recht, wehrfähige Männer zum Kriegsdienst zur Verteidigung des Landes heranzuziehen, konnten zu Gericht sitzen, Steuern erheben, Münzen prägen und mit Zustimmung hochrangiger weltlicher Herren und Kleriker Gesetze erlassen. Das Königreich zerfiel in zwei große Teile, die wohl Amtsbezirke waren und in den Bischofssitzen Canterbury und Rochester ihre Zentren hatten, sowie in einige kleinere Teilbezirke. Zeitweise, so in den 680er und frühen 690er Jahren sowie um die Mitte des 8. Jahrhunderts, teilten sich zwei gleichzeitig amtierende Könige die Herrschaft. In Wessex scheinen die Herrschaftsbefugnisse der dortigen Könige ähnlich gewesen zu sein. Auch dort traten die Könige als Gesetzgeber auf, waren Gerichtsherren, ließen Steuern erheben und Münzen prägen und zogen, offenbar als Truppenführer, in den Krieg. Innerhalb des Königreichs hatten einige Adlige an der Wende zum 8. Jahrhundert eine mächtige, wenn nicht gar königsgleiche Stellung. Jedenfalls wurden sie in späteren Quellen im Zusammenhang mit der Gründung von Klöstern wie zum Beispiel Abingdon als Könige bezeichnet. Es ist nicht klar, ob diese Herrschaftsträger den Königen von Wessex unterstellt waren. Ähnlich komplizierte Verhältnisse bestanden in Merzien. Auch dort existierte noch im frühen 8. Jahrhundert keine einheitliche Untertanenschaft, über die der merzische König Herrschaft allein hätte ausüben können. Beda und andere Quellen berichten von einer Reihe von Königreichen, die im Umkreis Merziens lagen und zeitweise von diesem irgendwie abhängig waren. Zu diesen Königreichen zählen Lindsey im Nordosten, die Königreiche der Hwicce um Worcester und der Magonsæte um Hereford im Westen sowie der Mittelanglier und Surrey im Südosten Merziens. Über die Art der Abhängigkeit von Merzien wissen wir wenig, erkennen aber, dass diejenigen Könige beispielsweise der Hwicce, die Land verschenkten, in ihren Urkunden Bestätigungen durch die merzischen Könige vermerken ließen. Auch die merzischen Könige konnten Kriegsdienst verlangen, Steuern erheben und Münzen prägen. Anders als ihre Kollegen in Kent und Wessex hatten sie auch das Recht, von einigen Bewohnergruppen im Umkreis Merziens Tribute einzufordern. Einige dieser Gruppen sind in einem ungewöhnlichen Verzeichnis genannt, dessen älteste Fassung im späteren 7. Jahrhundert in Merzien entstanden sein dürfte. In der Forschung ist das Verzeichnis als Tribal Hidage bekannt. Die Liste scheint während des 8. Jahrhunderts sowie auch später noch Bearbeitungen erfahren zu haben, durch die einige Namen kommentiert, andere hinzugefügt wurden. Ob die merzischen Könige auch Gesetze erlassen konnten, ist mangels erhaltener Gesetzestexte nicht bekannt. Für die übrigen Königreiche sind über Bedas Bericht keine aussagekräftigen Quellen zur Herrschaftsausübung erhalten.

Herrscher und Herrschaftsordnung. Weder Beda noch die übrigen Quellen geben Auskunft darüber, wie die Könige der Angelsachsen ihre Befugnisse erworben hatten. Beda erweckt den Eindruck, als hätten alle königlichen Dynastien als angebliche Abkömmlinge Wodans schon Herrschaft getragen, als sie vom Kontinent nach Britannien übersetzten. Das galt mit großer Wahrscheinlichkeit für die Wuffingas. Der Name der Wuffingas, den Beda als Verwandtschaftsname der königlichen Dynastie Ostangliens nannte, gehört zusammen mit dem auf dem Kontinent gut belegten Gruppennamen der Wülfinge. Die ostanglischen Wuffingas leiteten sich von Wodan ab. Einer von ihnen könnte die in Sutton Hoo verehrte Persönlichkeit gewesen sein. Dass der von Beda erweckte Eindruck für alle königlichen Dynastien galt, ist jedoch wenig wahrscheinlich, da viele Migranten sich in kleinen Gruppen in Britannien niederließen und dort zunächst einer nur auf ihre Siedlung begrenzten Herrschaft unterstellten. Unter dieser Voraussetzung kann Herrschaft über mehrere oder gar viele Siedlungen der Migranten erst in Britannien selbst entstanden sein.

Insbesondere in den Gebieten unter der Kontrolle der merzischen Könige trugen offenbar viele Gruppen ihre eigenen Identitäten auch weiter, wenn sie Tribute an den merzischen König entrichteten. Im Tribal Hidage ist zu jedem Gruppennamen eine Hufenzahl angegeben. Unter Hufe verstand man im 7. und 8. Jahrhundert sowohl eine Zähleinheit für Haushalte nach Personen als auch eine Maßeinheit für Land. Hufen bemaßen also sowohl Geflechte persönlicher Beziehungen unter Siedlern als auch die Größe des Lands, das die Siedler bewirtschafteten. Für die Durchsetzung der Tributpflicht war eine herrschaftliche Ordnung Voraussetzung. Vermutlich war diese herrschaftliche Ordnung bis an das Ende des 7. Jahrhunderts einschließlich der aus ihr folgenden Regeln mündlich überliefert. Die Gruppen, deren Hufen gezählt wurden, unterstanden zwar Herrschaftsträgern, besaßen aber zugleich ihre eigene Identität. Einige Gruppennamen des Tribal Hidage sind von Raumnamen abgeleitet. Beispielsweise nannten sich die *Pec sætene* nach dem Peak District, einem Höhenzug zwischen Lincolnshire und Lancashire, der heute noch so heißt. Das bedeutet, dass die *Pec sætene* sich als Bewohner eines Distrikts identifizierten. Andere scheinen ursprünglich Verwandtschaftsgruppen gewesen zu sein, wie etwa die Bilmiga, die nicht in einem geschlossenen Gebiet, sondern über verschiedene Orte verstreut gelebt haben können. Wann und wie diese Gruppen ihre Identität ausprägten, wissen wir nicht. Gruppen mit solchen autonom entstandenen Herrschaftsordnungen sind nicht nur in und im Umkreis von Merzien belegt, sondern auch in Ostanglien, Essex, Surrey, der Küstenzone von Sussex und in den dem Themsetal zugewandten Teilen von Wessex.

Herrschaft und Schriftlichkeit. Der wesentliche Unterschied zwischen den autonom entstandenen Herrschaftsordnungen der Siedler kontinentaler Herkunft in Britannien und der römischen Herrschaftsordnung bestand in der Wahl des Kommunikationsstandards. Während die autonomen Herrschaftsordnungen auf mündlicher, das heißt gruppenspezifischer Kommunikation beruhten, basierte die Herrschaftsordnung der römischen Kaiser auf dem Gebrauch der Schrift. Die katholische Kirche führte diesen Kommunikationsstandard für die kuriale Verwaltung weiter und trug ihn mit der Mission nach Britannien zurück. In den autonom entstandenen, gruppenspezifischen Herrschaftsordnungen hingegen bestimmten mündlich tradierte Regeln die Rechte und Pflichten der Gruppenangehörigen untereinander, insbesondere die Nutzung des Lands. Die seit Ende des 6. Jahrhunderts in Britannien tätigen römisch-katholischen Missionare glaubten überdies, dass die Herrschaftsbefugnisse der kentischen und der anderen Könige in Britannien weniger ausgeprägt waren als diejenigen, die sie den römischen Kaisern zuschrieben. Denn die Missionare bestanden darauf, dass Landschenkungen an kirchliche Empfänger in Britannien in Urkunden mit einer bestimmten Form bestätigt werden mussten. Diese Form brachten die Missionare aus Italien mit, wo sie für Rechtsgeschäfte unter Privatleuten vorgeschrieben gewesen war. Nach römischem Recht mussten Privatleute bestimmte Rechtsgeschäfte, darunter Übertragungen von Landbesitz, unter Zeugen vollziehen. In Britannien wurden hingegen Landschenkungen nur in Form römischer Privaturkunden bestätigt, auch wenn die Schenker Könige waren. Die Missionare setzten mithin die weltlichen Herrschaftsträger im Britannien des 6. und 7. Jahrhunderts Privatpersonen gleich, wenn es um die Ausfertigung von Urkunden ging.

Die ältesten echten Urkunden dieses Inhalts stammen aus den 670er Jahren und verfestigten schnell eine Tradition, derzufolge kirchliche Rechte und Pflichten der Landnutzung nur wirksam sein konnten, wenn sie als Privilegien schriftlich fixiert waren. Mündlichkeit als Kommunikationsstandard der autonomen Gruppen verlor dadurch an Bedeutung. Je mehr Gruppen christlich wurden, desto mehr gerieten sie in den Bann der Schriftlichkeit – auch außerhalb der Klostermauern. Der Beweiswert herrscherlicher Willensakte änderte sich folglich. Mindestens gegenüber kirchlichen Eigentümern galt nicht mehr das häufig in rituellem Kontext gesprochene Wort, sondern der formgerecht abgefasste und niedergeschriebene Text. Sollten Urkunden ihren Beweiswert erhalten, waren sie sorgfältig aufzubewahren, also zu archivieren. Die geistlichen Schreibschulen waren somit zugleich Archive für herrscherliche Willensakte.

Urkundenwesen und Rechtssicherheit. Gleichwohl gab es keine Gewissheit, dass die Urkunden nach dem Tod ihrer Unterzeichner weiterhin als verbindlich anerkannt werden würden. Denn Gerichte, deren Urteile von einem über den Unterzeichnern stehenden höheren Herrschaftsträger, wie etwa dem römischen Kaiser, durchgesetzt werden konnten, bestanden in Britannien seit Beginn des 5. Jahrhunderts nicht mehr. Dort waren die Herrschaftsträger ja selbst oberste Gerichtsherren. Für alle Urkunden, die Amtsträger der katholischen Kirche mit diesen Herrschaftsträgern als Unterzeichnern hatten ausstellen lassen, saßen im Streitfall die Könige selbst über die Gültigkeit der Urkunden zu Gericht. Unter diesen Umständen konnten auch die Amtsträger der katholischen Kirche sich nicht sicher sein, dass die in den Urkunden niedergelegten Rechte und Pflichten langfristig garantiert waren. Die Amtsträger der katholischen Kirche behalfen sich mit drei Regeln. Zwei dieser Regeln galten für die Urkunden dieser Zeit auch auf dem Kontinent, eine hingegen war spezifisch für Britannien. Die erste Regel besagte, dass Nachfolger derjenigen Könige, in deren Namen eine Urkunde ausgefertigt war, diese bestätigen sollten. Die zweite Regel stellte die Wahrung der mit der Urkunde bezeugten Rechte und Pflichten unter göttlichen Schutz. Dazu dienten Formeln, die Bestandteile des Urkundentexts waren und Verstöße gegen den Rechtsinhalt der Urkunden sowie gegen die Ausfertigungen selbst mit Höllenstrafen bedrohten. Diese Sanktionen genannten Formeln setzten voraus, dass die Vertragspartner der katholischen Kirche sowie andere mit der Ausfertigung und Aufbewahrung von Urkunden befasste Personen auch in Britannien bereits am Ende des 7. Jahrhunderts so weit mit den Grundsätzen der christlichen Theologie vertraut waren, dass ihnen die Androhung von Höllenstrafen Furcht einflößen konnte. Die dritte, für Britannien spezifische Regel bestand im Anfügen von Zeugenlisten an die Texte der Urkunden. Dadurch, dass Zeugen ihre Namen unter den Text der Urkunden setzen ließen, bestätigten sie die Richtigkeit der im Text niedergelegten Rechte und Pflichten. Soweit sich dies den erhaltenen Urkunden entnehmen lässt, waren die Zeugen oft selbst Eigentümer von Land und in der Regel Personen gehobenen Rangs. Manche von ihnen scheinen noch bis an die Wende zum 8. Jahrhundert Herrschaft in eigenem Recht – mithin nicht im Namen des Königs – getragen zu haben, insbesondere in Wessex und sogar in Kent. Die Amtsträger der katholischen Kirche hatten folglich ihre Eigentumsrechte nicht nur mit den Königen auszuhandeln, sondern auch mit einer Vielzahl anderer weltlicher Herrschaftsträger. Sollten Miteigentümer an einem Stück Land, das einer Urkunde zufolge in kirchliches Eigentum übertragen war, gegen die Übertragung mit Hinweis auf eigene Rechte an dem Grundstück klagen, so sahen sie sich mit der Tatsache konfrontiert, dass die Zeugen, die in der Urkunde benannt waren, auf Dauer wirksam bestätigt hatten, dass die Übertragung rechtmäßig erfolgt war.

Götter und Genealogie. Für das Fortbestehen konkurrierender Herrschaftsordnungen unter den Siedlern kontinentaler Herkunft in Britannien finden sich in den Genealogien königlicher Dynastien weitere Belege. Die Genealogien bestätigen die Wichtigkeit der nicht-christlich geprägten Herrschaftsordnungen sogar über das 7. Jahrhundert hinaus. Die ältesten erhaltenen Genealogien entstanden im frühen 8. Jahrhundert unter der Herrschaft König Wihtreds von Kent und König Ines von Wessex, die beide bereits am Ende des 7. Jahrhunderts ihre Herrschaft angetreten hatten. Die Genealogien belegen Vorstellungen von der Abkunft der Könige in Form der Sohn-Vater-Beziehung. Sie nennen – vom herrschenden König aus gesehen in aufsteigender Linie – dessen direkte väterliche Vorfahren, während die mütterlichen Linien regelmäßig ausgeblendet sind. Fast alle weiteren Genealogien, die in Handschriften des 8. Jahrhunderts überliefert sind, nennen den Kriegsgott Wodan oder dessen Vater Frealaf als höchsten Ahn, ohne diese als Götter zu bezeichnen, und bestätigen damit Bedas Bericht von der Wodansabkunft der königlichen Dynastien. Damals waren die in diesen Genealogien als lebende Herrschaftsträger geführten Könige bereits sämtlich Christen, und kirchliche Amtsträger hätten einen nicht-christlichen Gott als Vorfahren der mit ihnen kooperierenden Könige nicht gutgeheißen. Lediglich die erst im

19. Jahrhundert entdeckte Genealogie der ostsächsischen Könige nennt nicht Wodan, sondern einen Gott namens Seax als höchsten Ahn.

Weder hatten die kirchlichen Amtsträger, die zu dieser Zeit mit den Königen Vereinbarungen über die Übertragung von Landeigentum trafen, die Möglichkeit, die Nennung Wodans in den Genealogien zu verhindern, noch hatten die Könige selbst Bedenken, sich gleichzeitig als Anhänger und Förderer des christlichen Glaubens zu präsentieren und sich als Nachfahren eines nicht-christlichen Gotts auszugeben und damit gegen das Erste Gebot zu verstoßen. Wie die kirchlichen Amtsträger und die Könige diesen Widerspruch zwischen christlicher Lehre und herkömmlichem Glauben an göttliche Abkunft lösten, ist für diesen Zeitraum nicht ausdrücklich belegt. Aber vielleicht kannten Beda und die katholischen Gelehrten seiner Zeit die Überlieferung von der rationalistischen These des griechischen Philosophen Euhemeros aus dem 3. vorchristlichen Jahrhundert. Dieser hatte behauptet, Götter seien ursprünglich menschliche Helden und andere herausragende Personen gewesen. Um sie hätten sich später Kulte gebildet, die zur Vergöttlichung der Heroen geführt hätten. Genealogien – zwar nicht des 8., aber des 9. Jahrhunderts – bezeugen die Wirkungsmacht dieser These. In den Genealogien des 9. Jahrhunderts figurierte Wodan dann nicht mehr als höchster Ahn, sondern war ein Mensch und entfernter Nachfahre von Noah oder gar Adam und somit eingebunden in die biblische Überlieferung. Sollte Beda bereits die These des Euhemeros gekannt haben, so könnte das erklären, weshalb er Wodan zwar nannte, aber eben nicht als Kriegsgott bezeichnete. Jedenfalls war die katholische Kirche auch im frühen 9. Jahrhundert noch bestrebt, die mit dem christlichen Dogma nicht zu vereinbarenden Abkunftstraditionen der königlichen Dynastien unangetastet zu lassen. Diese Traditionen dürften folglich bedeutende Faktoren der Legitimität weltlicher Herrschaft zumindest in einigen Königreichen gewesen sein. Anders gesagt: Rang und Macht königlicher Dynastien standen in direktem Zusammenhang mit der Länge ihrer Genealogien. Nach Wodan oder Seax führten die Genealogien zudem eine namengebende oder auf andere Weise die Gesamtheit der Dynastie repräsentierende Person, beispielsweise die ostanglische Dynastie einen Herrscher namens Wuffa, die kentische einen namens Oisc, die merzische einen namens Icel und die westsächsische einen namens Giwis. Mit den Namen dieser Ahnen konnten die Gruppennamen der Dynastien korrespondieren, so jener der Wuffingas in Ostanglien, jener der Oiscingas in Kent, jener der Iclingas in Merzien und jener der Gewissae in Wessex. Unter allen diesen Dynastien verfügten die Wuffingas über die längste Genealogie. Es mag sein, dass sie bis in die kontinentale Vergangenheit zurückreicht; vielleicht hatten also die Wuffingas ihre Wodansabkunft bereits vom Kontinent mitgebracht. Im Vergleich zu der Genealogie der Wuffingas sind die sonst aus dem 8. Jahrhundert überlieferten Genealogien der übrigen königlichen Dynastien kurz.

Wie weit die Befugnisse der weltlichen Herrschaftsträger in Britannien reichten, ist insgesamt schwer abzuschätzen. Beda und Zeitgenossen, die Heiligenleben schrieben, schilderten aus ihrer von der katholischen Kirche beeinflussten Sicht die Könige Britanniens in der Regel als mächtige, mitunter gewaltbereite Herrscher – unabhängig davon, ob jene Christen geworden waren oder nicht. Doch war diese Sichtweise, die wir aus den Quellen des 7. und 8. Jahrhunderts kennen, durch die Überlieferung zur Herrschaftsordnung im Römischen Reich beeinflusst, und zwar vom Bild des alles überragenden Kaisers, der als Universalherrscher keinen Konkurrenten neben sich duldete. Zwar galt sowohl nach der römischen Herrschaftsordnung wie auch nach den Herrschaftsordnungen der autonom entstandenen Gruppen Herrschaft als Kontrolle über Land und dessen Bewohner. Dennoch lässt die nachweisbare Vielfalt kleinerer Siedlergruppen mit eigenen Identitäten Zweifel daran aufkommen, dass die Herrschermacht alle Lebensbereiche sozusagen autoritativ durchdrang. Dies dürfte insbesondere für Entscheidungen über herausragend wichtige Fragen, wie etwa jene nach dem Übertritt zum christlichen Glauben, gegolten haben. Die Widerstände gegen den Glaubenswechsel, die sich im frühen 7. Jahrhundert artikulierten, nähren diese Zweifel. Der Umstand, dass die

Könige in Wessex und Kent Gesetze nur nach Zustimmung von Rechtskundigen erlassen konnten, bestätigt zudem, dass Herrscher, die in Urkunden des späten 7. und frühen 8. Jahrhunderts als Könige der Kenter, Westsachsen, Südsachsen und Merzier betitelt wurden, keineswegs die ausschließliche Kontrolle über alle Bewohner der Gebiete von Kent, Wessex, Sussex und Merzien wahrnahmen.

6. Rechtsauffassungen

Rechtsquellen. Außer Vorschriften des kirchlichen und weltlichen Strafrechts sind keine verbindlichen Normen zum angelsächsischen Recht belegt. Folglich ist eine Beschreibung angelsächsischer Rechtsauffassungen nur zu einigen Teilaspekten und nur mit Einschränkungen möglich. Dass die Angelsachsen nur ihr Strafrecht oder Teile davon überlieferten, bedeutet jedoch nicht, dass das Strafrecht der einzige unter ihnen geregelte Rechtsbereich gewesen wäre. Die Überlieferung des kirchlichen und weltlichen Strafrechts scheint im frühen 7. Jahrhundert einzusetzen. Das weltliche Strafrecht ist zuerst in Gesetzen belegt, die anscheinend im Namen König Æthelberts von Kent erlassen worden sind. Weitere Gesetzessammlungen stammen aus dem späten 7. Jahrhundert, und zwar aus Kent und Wessex, wenngleich sie, wie auch im Fall der Gesetze Æthelberts, nicht in zeitgenössischen Handschriften überliefert sind. Das für die Angelsachsen gültige kirchliche Strafrecht ist zuerst in einer Bußordnung niedergelegt, die mit dem Namen Papst Gregors I. verknüpft ist. Weitere Bußordnungen des 7. und 8. Jahrhunderts sind mit den Namen berühmter Geistlicher wie Erzbischof Theodor von Canterbury (665–690) und Beda verbunden.

Kirchenstrafrecht und Bußordnungen. Das kirchliche Strafrecht der Angelsachsen entstammt der sogenannten Begriffsjurisprudenz. Das heißt, dass die kirchenrechtlichen Bußordnungen Straftatbestände enthalten in Form zusammenfassender Begriffe, die zugleich Zuwiderhandlungen gegen Verbote und Strafen definieren. Dieses kirchliche Strafrecht nach Begriffsjurisprudenz war also das Ergebnis gesetzgeberischen Handelns einer Institution, die allgemeine Straftatbestände definieren und verhängte Strafen auch vollziehen konnte. Da die Art, wie bei den Angelsachsen jener Epoche Strafrechtsbestimmungen formuliert waren, dieselbe war wie im römischen Strafrecht der Spätantike, dürften die geistlichen Autoren des kirchlichen Strafrechts die Grundsätze der Formulierung des antiken römischen Strafrechts in Britannien eingeführt haben. Genauso wie im Römischen Reich der Antike die kaiserlichen Gerichtsinstanzen und Strafverfolgungsbehörden konnte in Britannien seit dem Beginn der Mission die katholische Kirche die Bedingungen für die Rechtsprechung und den Strafvollzug für die von ihr definierten Straftatbestände gewährleisten: Die päpstliche Kurie konnte Rechtssatzungen erlassen, die Priester konnten Kirchenstrafen verhängen und deren Erfüllung erzwingen.

Das Kirchenstrafrecht betraf sowohl Kleriker als auch Laien. Darin thematisiert wurden in der Hauptsache Verstöße gegen einige der Zehn Gebote sowie zudem eine Reihe besonderer Straftatbestände ohne Bezug auf die Bibel. Zu letzteren zählten beispielsweise Bestimmungen über die rechtmäßige Ordination von Priestern, Mönchen und Nonnen, die Tätigkeit kirchlicher Amtsträger sowie die Durchführung des Gottesdiensts – und die Anordnungen, wie zu verfahren sei, falls jemand gegen die Bestimmungen verstieße. So verbot beispielsweise die im Namen Papst Gregors I. überlieferte Bußordnung das Lesen sogenannter häretischer Messen und andere Ketzereien. Damit waren offenbar Formen des Gottesdiensts gemeint, die Priester in Eigenkirchen und Eigenklöstern von Königen und wohlhabenden Adligen ohne genaue Beachtung der katholischen Liturgie zelebrierten. Andere Bußordnungen, wie etwa diejenige Bedas, verboten das Singen sogenannter teuflischer Lieder, insbesondere durch Frauen. Unter teuflischen Liedern verstand die Kirche Gesänge, die in ihrer Tonalität nicht dem Gregorianischen Gesang entsprachen, von allerlei weltlichen Helden handelten und somit nicht-christliche Inhalte thematisierten. Außerdem ging die Kirche gegen die Bestattung von Heiden in Kirchengebäuden vor, so mit der Bußordnung Erzbischof Theodors, und versuchte, mit der Bußordnung Bedas das Verbot der Sonntagsarbeit durchzusetzen, damit die Gläubigen an den sonntäglichen Gottesdiensten teilnehmen konnten. Auffällig an diesen Straftatbeständen ist die zeitliche Abfolge ihres Aufscheinens in den Bußordnungen. Während das Verbot des Lesens häretischer Messen nur in den Bußordnungen des 7. Jahrhunderts enthalten ist, finden sich die Verbote des Singens teuflischer Lieder, der Bestattung von Heiden in Kirchengebäuden und der Sonntagsarbeit erst in den Bußordnungen des ausgehenden 7. und frühen 8. Jahrhunderts. Die Durchsetzung der katholischen Liturgie hatte also in der Frühzeit der Mission in Britannien Vorrang vor anderen Tatbeständen des Kirchenstrafrechts, die die Missionare zunächst nach Anweisung Papst Gregors I. toleriert zu haben scheinen.

Zu den aus dem Dekalog folgenden Strafrechtsbeständen gehörten beispielsweise Mord, Meineid (Lüge), Diebstahl und Ehebruch. Die Kirchenstrafen waren in der Regel Bußen – Handlungen, die tätige Reue Gott und zugleich den Mitgliedern der Gemeinde gegenüber erkennen lassen. Die Bußordnung im Namen Gregors belegte mit vierzig Tagen Buße, wer das Lesen häretischer Messen erlaubte oder verfügte. Das war eine vergleichsweise geringe Strafe, genauso hoch wie jene, die die Bußordnung für eine nicht-kanonische Berechnung des Termins für das Osterfest vorschrieb. Wer jedoch in der Kirche Häresien verkündete, sollte zehn Jahre büßen. Und diejenigen, die sich einer häretischen Gruppe anschlossen, traf gar die Pflicht zu zwölfjähriger Buße, davon vier Jahre außerhalb der Kirche, sechs Jahre unter Zeugen und zwei Jahre außerhalb der Kommunion. Die Staffelung der Strafen gegen Häresien finden sich nur in der frühen Bußordnung. Eine Ordnung des späten 7. Jahrhunderts schrieb noch vierzig Tage für das Lesen häretischer Messen vor, verzichtete aber auf weitere Vorschriften. Danach verschwand dieser Straftatbestand aus der kanonischen Literatur.

Waren die Strafandrohungen gegen Häresien somit spezifisch für die frühe Phase der katholischen Mission in Britannien, so war das Verbot der Bestattung von Heiden in Kirchengebäuden ebenso spezifisch für das späte 7. und das frühe 8. Jahrhundert.

Das Verbot setzte voraus, dass private Kircheneigner darüber verfügen konnten und wollten, wer innerhalb eines Kirchengebäudes die letzte Ruhestätte finden sollte, und zwar – wegen der Nähe zur Heilsquelle – möglichst unter dem Altar. Es setzte weiterhin voraus, dass diese privaten Kircheneigner eingebunden waren in verwandtschaftlich geprägte Netzwerke und dass diese Netzwerke Christen wie auch Nicht-Christen umschließen konnten. Nur unter diesen Bedingungen konnte der Fall eintreten, dass ein Kircheneigner auch jemanden aus seiner Verwandtengruppe ohne Taufe im Kirchengebäude bestatten ließ. Dem Interesse der Amtskirche an der Bewahrung des Charakters von Kirchengebäuden als ausschließlich christlichen Bauwerken stand also das Bestreben von Verwandtengruppen entgegen, Verstorbene, auch wenn sie nicht getauft waren, in ihrem Netzwerk zu behalten und dies durch die Bestattung in ihren eigenen Kirchengebäuden sichtbar zu machen. Damit stellten sie aber den Erhalt ihrer Netzwerke über den der – in der Perspektive der Amtskirche – wichtigeren Gemeinschaft der Gläubigen. Solch ein Interessenkonflikt führte zu harten Sanktionen seitens der Amtskirche. Sollte ein Heidengrab in einem Kirchengebäude entdeckt werden, war das Abhalten von Gottesdiensten in diesem Gebäude nach der Bußordnung Theodors grundsätzlich untersagt. Gleichwohl findet sich dieser Straftatbestand nur in der Bußordnung Theodors, fehlt hingegen in späteren Bußordnungen. Im 8. Jahrhundert hatte sich die Lage zugunsten der Kirche so weit geändert, dass sie ihre Kontrolle über den Rechtsraum der Kirchengebäude und den umliegenden Kirchhof ausdehnen konnte, und die Verwandtengruppen hatten so weitgehend den Glaubenswechsel vollzogen, dass Kirchenrechtsgeber die Praxis der Heidenbestattung in Kirchengebäuden nicht mehr mit Sanktionen zu bewehren brauchten.

Umgekehrt war die Entwicklung der Strafen für das Singen sogenannter teuflischer Lieder. Die Bußordnung im Namen Gregors kannte diesen Straftatbestand noch gar nicht, wohl aber bezogen die Bußordnungen des späteren 7. und des frühen 8. Jahrhunderts dazu Stellung. Im späten 7. Jahrhundert schrieb eine Bußordnung unterschiedslos das Strafmaß von vierzig

Bußtagen für Verstöße gegen die katholische Liturgie vor. Ein Text des frühen 8. Jahrhunderts hingegen staffelte das Strafmaß nach dem Stand derjenigen, die sich schuldig gemacht hatten: Laien, die teuflische Lieder gesungen hatten, traf die Pflicht zu eineinhalb Jahren Buße, während Kleriker drei Jahre lang dafür büßen sollten. Bei Beda hingegen konnten nur Frauen sich des Singens teuflischer Lieder schuldig machen und erhielten dafür eine einjährige Buße auferlegt.

Das kirchliche Strafrecht lässt die Absicht der Amtskirche erkennen, den Umgang der Gläubigen mit christlichem Dogma und katholischer Liturgie möglichst weitgehend zu kontrollieren und Abweichungen zu unterdrücken. Die Vielfältigkeit der Lebensformen und Rechtsauffassungen der nach Britannien gekommenen Gruppen stand im Konflikt mit dem amtskirchlichen Streben nach Vereinheitlichung christlich-katholischer Glaubenspraxis.

Weltliches Strafrecht. Im Gegensatz zum kirchlichen Strafrecht beruhten das angelsächsische weltliche Strafrecht wie auch kontinentale Strafrechtsbestimmungen aus Gegenden östlich des Rheins auf den Prinzipien der Falljurisprudenz. Straftatbestände wurden nicht in Begriffe gefasst, sondern es wurden für bestimmte Fälle Strafen festgeschrieben nach dem Muster: Wenn jemand dies tut, so ist jenes dafür die Strafe. Bei der Strafrechtsprechung auf der Basis von Falljurisprudenz kam es folglich nicht darauf an, dass eine Gerichtsinstanz eine Handlung unter einen Strafrechtstatbestand subsumierte. Hingegen waren für die Bestimmung des Straftatbestands die Umstände des Handlungsvollzugs, das Ausmaß der Schädigung sowie auch Rang und Status der Geschädigten und der Schädiger ausschlaggebend. Strafe war definiert als einmaliger Akt zu Lasten des Schädigers. In der Regel bestand die Strafe in der Zahlung einer Kompensation, in seltenen Fällen in Geißelungen, von denen sich die Verurteilten wiederum durch Zahlung von Geldstrafen freikaufen konnten; nur in Ausnahmefällen drohte Hinrichtung. Erkannte ein Gericht auf Todesstrafe, konnte sie – einem Gesetz König Ines von Wessex aus dem späten 7. Jahrhundert zufolge – in eine kirchliche Buße umgewandelt werden, wenn der Verurteilte in einem Kirchengebäude Zuflucht gefunden hatte. Inhaftierung als Strafe nennen die frühen angelsächsischen Gesetze nicht; Freiheitsentzug durch Versklavung wurde selten verhängt, beispielsweise bei schweren Straftaten mit mehreren Mitwissern; Ausweisung erfolgte nur im Zusammenhang mit der Bestrafung von Auswärtigen, beispielsweise Kaufleuten.

Die Strafrechtsprechung nach weltlichem angelsächsischem Recht unterschied sich folglich grundsätzlich von der Strafrechtsprechung durch die katholische Kirche. Diese bedrohte strafwürdiges Handeln mit Ausweisung aus der Kirchengemeinde und dem Ausschluss vom Kirchenbesuch. Sie verfügte über einen Überwachungs- und Erzwingungsapparat, der potentielle Täter dadurch abschreckte, dass er geeignet erschien, den Vollzug angedrohter Strafen auch durchzusetzen. Die weltliche Gerichtsbarkeit hingegen kam ohne solchen Überwachungs- und Erzwingungsapparat aus. Die Urteile des Gerichtsherrn – nach den frühen angelsächsischen Gesetzen für die dort bestimmten Straftatbestände war dies in der Regel der König – waren möglichst schnell zu vollziehen. Die Kompensationsgelder kamen in der Regel ganz oder mindestens teilweise den Geschädigten oder deren Verwandten zu, sofern diese zu ermitteln waren. Nur in Fällen der Schädigung von Personen, die keine ansässige Verwandtschaft hatten, und bei Vergehen gegen die Grundsätze christlicher Lebensführung wie etwa einem Verstoß gegen das Verbot der Sonntagsarbeit, die auch nach weltlichem Recht strafbar war, konnten die Kompensationsgelder an den König fallen. Dieser brauchte also keinen bürokratischen Apparat zur Eintreibung der Kompensationsgelder.

Strafgesetze konnten eine große Zahl unterschiedlicher Fälle spezifizieren. Beispielsweise stehen in der Gesetzessammlung im Namen König Æthelberts von Kent Strafen für 52 einzelne Fälle von Körperverletzung, ohne diesen Straftatbestand auf einen einheitlichen Begriff zu bringen. Die für diesen Tatbestand vorgeschriebenen Strafen bestanden ausschließlich in der Zahlung von Kompensationsgeldern. Diese konnten freilich hoch sein. Das Abschlagen eines Fußes musste der Schädiger dem Geschädigten mit 50 Schillinge entgelten, der Hälfte des Satzes, der für Totschlag fällig war. Die Schwere der Schädigung und daran geknüpft die Höhe der Kompensation bemaß sich also nach der Beeinträchtigung der Lebens- und Arbeitsfähigkeit der Geschädigten. Zudem hing die Höhe der Kompensation ab vom Rang oder Status der Geschädigten oder deren Verwandtengruppen: je höher der Rang oder Status, desto höher die Kompensationsgelder. Jeder, der unter der Herrschaft eines Königs stand, hatte einen bestimmten Wert, der sich im sogenannten Wergeld ausdrückte. Wergeld wurde bei Mord und Totschlag fällig, auch wenn der Täter nicht zu fassen war; wenn ein Totschläger entwich, so hatten dessen Verwandten das halbe Wergeld des Erschlagenen zu zahlen.

Die Pflicht, Kompensationsgelder zu zahlen, trat auch ein, wenn eine an sich nicht strafbare Handlung strafrechtsrelevante Folgen nach sich zog; auch für die Handlung selbst, nicht nur für deren Folgen, musste man haften. So schrieb ein Gesetz im Namen König Æthelberts vor, dass derjenige, der einen anderen mit einer Waffe versehe, mit sechs Schillingen jemandem büßen müsse, den jener, dem die Waffe geliehen worden war, mit ihr verletzt hatte. Der eigentliche Eigner der Waffe war also haftbar auch dann, wenn er sich selbst nichts hatte zuschulden kommen lassen. Bei Totschlag mit einer geliehenen Waffe hatte der Waffeneigner der Verwandtengruppe des Getöteten 20 Schillinge Kompensation zu entrichten. Entsprechendes galt, wenn jemand einem Flüchtling Unterkunft gewährte, der sich der Strafverfolgung entzogen hatte und somit «friedlos» geworden war. In diesem Fall musste sich nach einem Gesetz König Ines von Wessex der Beherbergende durch Zahlung einer Strafe in der Höhe seines Wergelds an den König von der Schuld freikaufen. König Ine, der Straftaten strenger als Könige des frühen 7. Jahrhunderts ahnden ließ, schrieb auch vor, dass ein Dieb 60 Schillinge zu zahlen habe, wenn er allein und ohne Mitwissen seiner im Haus lebenden Verwandtschaft gehandelt hatte. Sollte der Diebstahl mit Wissen der im Haus lebenden Personen geschehen sein, sollten alle ihre Freiheit verlieren, also Sklaven werden. Selbst ein zehnjähriger Knabe könne Mitwisser sein, ließ der König drohend zufügen. Strafbar waren somit nicht allein Handlungen, die zu Schädigungen anderer Personen führten, sondern auch Duldung und selbst fahrlässige Unterstützung solch strafbarer Handlungen, Mitwisserschaft sowie Fahrlässigkeit im Umgang mit Eigentum, das anderen zur Ausführung strafbarer Handlungen gedient hatte. Wahrung des Rechts war ein hohes Gut und war identisch mit der Wahrung des Friedens im Haus, in der Verwandtengruppe und in der Nachbarschaft.

Weltliche Herrscher und kirchliches Recht. Die weltlichen Gesetzgeber sahen sich mitunter auch befugt, in kirchliche Belange einzugreifen und Kirchenbußen vorzuschreiben. So regelte König Wihtred von Kent an der Wende zum 8. Jahrhundert die Grundsätze kirchlicher Lebensführung, und König Ine von Wessex verpflichtete in derselben Zeit Geistliche pauschal zur Einhaltung des Kirchenrechts. Nach einem weiteren Gesetz Ines hatte derjenige, der einen Westsachsen über See als Unfreien verkaufte, Strafe in der Höhe seines Wergelds an den König zu zahlen und außerdem «gegenüber Gott zu büßen».

Wihtred ließ das Verbot der Sonntagsarbeit mit der Androhung rigoroser Strafen durchsetzen. Demzufolge musste ein Herr 80 Schillinge an den König entrichten, wenn er einem Unfreien Sonntagsarbeit befohlen hatte. Arbeitete der Unfreie freiwillig am Sonntag, musste er sechs Schillinge an den König zahlen, oder er bezog Prügel, falls er das Geld nicht hatte. Ein Vollfreier, der aus eigenem Entschluss sonntags arbeitete, verlor seine Freiheit.

König Ine hingegen war gegenüber Laien etwas nachsichtiger: In Wessex kostete der Befehl zur Sonntagsarbeit den Herrn 30 Schillinge, den freiwillig sonntags arbeitenden Unfreien eine Tracht Prügel; der selbständig sonntags arbeitende Vollfreie aber verlor die Freiheit oder musste 60 Schillinge zahlen, ein Priester sogar 120 Schillinge.

Wihtred ließ ausdrücklich die Verehrung nicht-christlicher Götter verbieten und bedrohte Freie bei Zuwiderhandlung mit der Einziehung ihres beweglichen Eigentums, Unfreie mit dem Tod oder der Zahlung von sechs Schillingen an den Herrn.

Einige Bereiche des Strafrechts waren sowohl im kirchlichen wie im weltlichen Strafrecht geregelt. Dazu gehörten Straftatbestände wie Mord und Diebstahl, aber auch Sexualstraftaten. Personen, die gegen entsprechende Bestimmungen verstoßen hatten, waren folglich von weltlichen und kirchlichen Strafen bedroht.

Die Kodifikation des Rechts. Welche Rechtsauffassungen geben diese Strafbestimmungen zu erkennen? Zunächst sehen wir, dass die Kodifikation des Strafrechts in Schriftform diesen Rechtsbereich der fallorientierten Rechtssetzung durch die Gerichte entzog und statt deren dauerhafte Strafnormen für entsprechende Straftatbestände etablierte. Aus der Verschriftung der Strafrechtsnormen folgt indes nicht, dass die Normen selbst neu gewesen wären. Wahrscheinlich wurden vielmehr bereits bestehende, zuvor mündlich überlieferte Strafrechtsnormen in Schriftform gegossen. Gleichwohl bleibt die Tatsache der Verschriftung als solche bemerkenswert angesichts des Umstands, dass im 7. und 8. Jahrhundert in der Regel nur Geistliche des Lesens und Schreibens kundig waren, nicht aber die Könige, in deren Namen die Gesetze schriftlich aufgesetzt wurden. Auch an der Formulierung des weltlichen Strafrechts, so wie es heute erhalten ist, werden also zumeist Geistliche mitgewirkt haben. Zudem legen die im Hinblick auf das kirchliche Leben erlassenen Vorschriften des weltlichen Strafrechts die Vermutung nahe, dass diese Vorschriften auf Drängen der an der Kodifizierung beteiligten Geistlichen in die Gesetzessammlungen aufgenommen wurden. Sollte es zutreffen, dass die ältesten kentischen Gesetze König Æthelbert erlassen hat, so setzte die Kodifizierung des kentischen weltlichen Strafrechts bereits mit der Mission ein. Der Missionar Augustin selbst könnte sie veranlasst haben. Selbst wenn dieses weltliche Strafrecht der Falljurisprudenz zuzurechnen ist, so folgte doch seine Verschriftung den Grundsätzen der römischen Rechtsprechung. Die katholischen Missionare scheinen also von Anbeginn ihrer Tätigkeit in Britannien an bestrebt gewesen zu sein, römische Rechtsauffassungen – zumindest in Bereichen des Verfahrensrechts – auch im weltlichen Strafrecht zur Geltung zu bringen. Seither hatte als Strafrecht zu gelten, was im Namen der Kirche in kirchlichen Bußordnungen sowie im Namen von Königen in weltlichen Gesetzen niedergeschrieben war.

Geflechte sozialer Beziehungen und Recht. Über diesen Aspekt des Verfahrensrechts hinaus bezeugen sowohl kirchliche als auch weltliche Rechtssätze, dass man versuchte, den Rang von Personen fortan über ihre Zugehörigkeit zumeist zu Verwandtengruppen, seltener auch zu auf Vertrag beruhenden Kaufmannsgilden zu bestimmen. Den Verwandtengruppen stand demnach eine Kompensation zu, wenn ein Mitglied getötet worden war. Mitwisser von Straftaten zog der König zur Verantwortung. Die Zugehörigkeit zu Verwandtengruppen dauerte, so scheint es, auch über den Tod hinaus fort: Die Pflicht zum Totengedenken ergab sich aus christlichen wie nicht-christlichen Glaubensüberzeugungen, und die Praxis der Bestattung verstorbener Verwandter in Eigenkirchen belegt die Vorstellung, dass Tote im Erbland ihrer Verwandtengruppe ruhen sollten. Nicht allein Amtsträger der Kirche vermittelten also Überzeugungen und Vorstellungen vom Jenseits, sondern auch weltliche Verwandtengruppen. Die Möglichkeit, Sühne und Buße in Kompensationsgelder umzurechnen, setzt voraus, dass die Geldwirtschaft weite Bereiche des täglichen Lebens erfasst hatte – auch und gerade in agrarisch geprägten Siedlungen. Denn wer als Gesetzgeber Kompensationsgelder als Strafen vorschrieb, musste davon ausgehen, dass ein Schädiger üblicherweise über geldliche Möglichkeiten verfügte oder sich schaffen konnte, Schadensersatz bar auszuzahlen. Wie der Geldumlauf geregelt war, wissen wir nicht, ahnen aber, dass auch dabei Verwandtengruppen als Kassenhüter und Kreditgeber eine Rolle gespielt haben dürften, konnten sie doch auch Empfänger von Kompensationsgeldern sein. Lediglich bei Unfreien, die nicht voll rechtsfähig waren und üblicherweise kaum oder gar kein eigenes Kapital ansammeln konnten, waren Leibesstrafen als Ersatz für die mangelnde Erzwingbarkeit von geldlicher Kompensation zugelassen. Offenbar waren die Kompensationsgelder, die bei schweren Verbrechen fällig wurden, so hoch, dass ihre Zahlung die Leistungsfähigkeit voll rechtsfähiger Freier üblicherweise überstieg. Dann mussten die Verwandtengruppen als Kreditgeber eintreten; und folgerichtig mussten sie auch bedacht werden, wenn jemand aus ihren Reihen geschädigt worden war. Einzelne Personen unterstanden also nicht nur der Kontrolle durch das königlich gesatzte Strafrecht, sondern sie waren auch gehalten zu unterlassen, wofür ihre Verwandtengruppe haftbar gemacht werden konnte. Da zudem die katholische Kirche ihrerseits Strafen für rechtswidriges Tun androhte, muss die soziale Kontrolle in Britannien während des 7. und 8. Jahrhunderts hoch gewesen sein.

Nach den Rechtsauffassungen, die dem weltlichen angelsächsischen Strafrecht zugrunde lagen, kam Verwandtengruppen eine hohe Bedeutung für die Ausgestaltung sozialer Beziehungen zu. Sie unterwarfen einzelne Personen ihrer Kontrolle. Der König hatte kaum mehr als die Aufgabe, in Konflikten zwischen den Verwandtengruppen zu vermitteln, wenn Einzelne sich der Kontrolle durch die Verwandtengruppen entzogen oder deren Frieden durch schwere Verbrechen beeinträchtigten. Inwieweit die zu Herrschaftsträgern aufgestiegenen königlichen Dynastien vor ihrer Bekehrung zum Katholizismus zur Satzung neuen Rechts oder zur Kodifizierung geltenden Rechts über andere Gruppen befugt gewesen waren, wissen wir nicht. Jedenfalls sind die Könige in den schriftlich formulierten Gesetzen aus der Zeit der katholischen Mission ausdrücklich als Gesetzgeber genannt. Gleichwohl konnten noch am Ende des 7. Jahrhunderts Gruppen adliger Landeigner und andere Machtträger sowohl in Kent als auch in Wessex ein Mitspracherecht im Gesetzgebungsverfahren geltend machen. Die Gesetze gaben das neu gesatzte Recht als gutes altes Recht aus.

Die Rolle der Könige als Vermittler in Streitfällen zwischen Gruppen blieb bis ins 8. Jahrhundert erhalten. Dies verdeutlichen zwei Aspekte. Zum einen begründeten die Gesetze Ines von Wessex die Notwendigkeit der Mitwirkung durch Machtträger an neu zu setzendem Recht ausdrücklich damit, dass infolge ihrer Mitwirkung fortan kein Adliger mehr die bestehenden Gesetze in ihr Gegenteil verkehren und mithin wirkungslos werden lassen könne. Denn die Neusatzung sei schließlich mit ihrem Wissen und ihrer eigenen Zustimmung erfolgt. Daraus kann man zum einen schließen, dass vor dem Erlass dieser Gesetze mindestens einige Verwandtengruppen in Wessex in der Lage gewesen sein müssen, in eigenem Ermessen Recht zu setzen, das von dem in anderen Gruppen gültigen Recht abweichen konnte. Zum anderen lässt sich den zahlreichen Bestimmungen über Kompensationsgelder, denen gegenüber Körperstrafen – insbesondere Hinrichtungen – Vorrang eingeräumt wurde, entnehmen, dass die Verwandtengruppen nach Erlass der Gesetze einen Teil ihrer Befugnisse aufgaben. Denn nach der Durchsetzung der Pflicht, für erlittenes Unrecht Kompensationsgelder als Sühne seitens der Schädiger entgegenzunehmen, verzichteten sie auf das Recht der Blutrache, mithin auf den Strafvollzug nach gruppeneigenem Recht. Während weltliche angelsächsische Gesetze des 7. und 8. Jahrhunderts an keiner Stelle die Praxis der Blutrache zwischen Siedlern kontinentaler Herkunft auch nur erwähnen, bestätigt das kirchliche Strafrecht ihre Existenz: Eine Bußordnung des ausgehenden 7. Jahrhunderts sieht für Blutrache, die sie mit Mord gleichsetzt, Bußen zwischen sieben und zehn Jahren vor. Die Bußordnung sichert aber Schädigern die Verkürzung der Bußdauer um die Hälfte zu, wenn sie sich zur Zahlung eines Wergelds an die Verwandtengruppe des Getöteten bereitfinden. Mithin gestand auch das kirchliche Strafrecht grundsätzlich den Verwandtengruppen einen Einfluss auf die Strafrechtspflege zu.

Das Recht und der Fremde. Seit der Wende zum 8. Jahrhundert stieß das gesetzlich geregelte Recht, das für Gruppen von Siedlern kontinentaler Herkunft galt, jedoch an die Grenzen seiner Anwendbarkeit. Diese Grenzen markieren zwei Arten von Strafvorschiften, die im weltlichen Strafrecht erstmals gegen Ende des 7. Jahrhunderts aufscheinen. Die eine betraf Kaufleute, die andere Fremde im Sinn der Gesetze – das heißt, Personen, die in Britannien nicht dauernd sesshaft waren. Beide Arten von Vorschriften fehlen in den Gesetzen, die im Namen Æthelberts von Kent erlassen wurden. Zu Beginn des 7. Jahrhunderts sollten die in Kent geltenden Strafrechtsvorschriften offenbar ausschließlich für die Gruppe der dortigen Siedler kontinentaler Herkunft gelten. In den 680er Jahren hingegen fanden in die Gesetzessammlung der kentischen Könige Hlothhere und Eadric fünf Vorschriften Aufnahme, die Kaufleute betrafen. Die erste Vorschrift folgte dem bekannten Muster der Falljurisprudenz: Wenn jemand einen Kaufmann oder eine andere Person, die von jenseits der Grenze gekommen war, über drei Nächte oder länger in seinem Haus aufnahm und verköstigte und diese Person dann straffällig wurde, hatte der Hausherr die Pflicht, den straffällig gewordenen Kaufmann oder Fremden der Rechtsprechung zuzuführen oder selbst die rechtliche Verantwortung auf sich zu nehmen. Mit anderen Worten: Wer einen Fremden in seinem Haus Gastrecht gewährte, wurde für dessen Handeln haftbar. Hausherrschaft erstreckte sich folglich auf alle im Haus anwesenden Personen, gleichgültig woher sie kamen, wenn sie nur mindestens drei Nächte im Haus verbracht und Kost bezogen hatten. Die folgenden zwei Bestimmungen derselben Gesetzessammlung lassen erkennen, dass das Risiko für Kaufleute hoch war, des Diebstahls bezichtigt zu werden. Sie regeln nämlich das Verfahren, nach dem Personen unter der Herrschaft der kentischen Könige auf dem Markt in London, das damals zum Königreich Essex gehörte, Waren kaufen sollten. Diesen Bestimmungen zufolge sollten die kentischen Kaufleute zwei oder drei unbescholtene Freie oder den Londoner Stadtvogt des kentischen Königs als Zeugen für das Handelsgeschäft mitbringen. Falls dann jemand nach Abschluss des Geschäfts den Käufer des Diebstahls anklagte, so sollte der Käufer den Verkäufer als Zeugen für die Rechtmäßigkeit des Geschäfts benennen. Sollte der Verkäufer zur Bestätigung der Rechtmäßigkeit nicht bereit oder in der Lage sein, dann sollte der Käufer durch seine Zeugen glaubhaft machen, dass er die Ware rechtmäßig erworben hatte. Gelang dies nicht, so sollte die Ware dem Verkäufer verfallen.

Diese Vorschriften konstituierten eine schmale Trennlinie zwischen Handel und Diebstahl. Sie enthielten keine Strafandrohungen – weder für einen Kläger, der einen ehrlichen

Kaufmann zu Unrecht des Diebstahls bezichtigt hatte, noch für einen Hehler. Die Gesetzgeber schrieben lediglich vor, dass ein Geschäft nichtig sein sollte, wenn eine Anschuldigung durch Diebstahlsanklage nicht widerlegt werden konnte. Gegen eine falsche Anklage konnten sich Kaufleute nur durch Benennung von Zeugen des Handelsgeschäfts wehren. Quittungen waren unüblich. Umständlichkeit und Gefährlichkeit des Handels gestatten den Schluss, dass gegen Ende des 7. Jahrhunderts London zwar vielleicht kein bedeutender, oft besuchter Handelsplatz war, Handel jedoch in nennenswertem Umfang dort stattfand.

König Ine von Wessex ließ dieselben Regelungen in modifizierter Fassung in seine Gesetzessammlung aufnehmen. Die Pflicht, Handelsgeschäfte unter Zeugen abzuschließen, beschränkte er auf Kaufleute, die im Innern des Königreichs unterwegs waren. Im Küstenzonenbereich hingegen bestand bereits seit dem Ende des 7. Jahrhunderts eine Marktkultur, die königliche Rechtssatzungen erübrigte. Eine Vorschrift in Ines Gesetzen galt zwar nicht ausdrücklich für Kaufleute, erlaubt aber den Schluss, dass sie auf Kaufleute abzielte. Sie besagt, dass das Wergeld für getötete Fremde ohne Verwandtengruppe zu einer Hälfte an den König, zur anderen an die Gildegenossen des Getöteten fallen sollte. Bei diesen Gildegenossen handelte es sich offenbar um Fahrgenossen (lat. *congilones*, altengl. *gesith*), das heißt eine Kaufmannsgilde, deren Angehörige in Wessex Handel trieben.

Für die zweite Gruppe, die neu in den Gesetzen Ines – und nur dort im 7. Jahrhundert – aufscheint, war der Name *Wealh*, das heißt «Wälscher», in Gebrauch. Damit waren Leute gemeint, die zwar unter der Kontrolle des westsächsischen Königs standen, aber nicht zu den Siedlern kontinentaler Herkunft zählten. Keinesfalls waren jedoch mit den «Wälschen» in den Gesetzen Ines alle britisch-keltischen Bewohner Britanniens gemeint, sondern nur jene, die im Herrschaftsbereich Ines siedelten. Angesichts der Unterschiede zwischen den Rechtsauffassungen der «Wälschen» und der Siedler kontinentaler Herkunft stellte sich für Ine als Gesetzgeber das Problem, wie die Höhe der Kompensationsgelder für «Wälsche» zu bestimmen sei. König Ine ließ festlegen, dass das Wergeld der «Wälschen» nicht nach dem Rang, sondern nach der Größe ihres Besitzes und nach ihrer Pflicht zur Leistung von Abgaben an den König zu bemessen sei. Demnach sollte ein «Wälscher», der die üblichen Abgaben zu zahlen hatte, ein Wergeld von 120 Schillingen haben und dessen Sohn eines von 100 Schillingen. Ein unfreier «Wälscher» sollte sich von der Prügelstrafe durch Zahlung von zwölf Schillingen freikaufen können. Falls ein unfreier «Wälscher» einen Siedler kontinentaler Herkunft tötete, sollte der Herr des Schädigers der Verwandtengruppe des Getöteten 60 Schilling Kompensation zahlen. Verweigerte der Herr die Zahlung, sollte er den unfreien «Wälschen» in das Eigentum der geschädigten Verwandtengruppe überstellen. Weigerte er sich, auch dieses zu tun, sollte die freie Verwandtschaft des Schädigers die Kompensation zahlen. Hatte der Schädiger keine Verwandtschaft, erhielt die geschädigte Verwandtschaft das Recht zur Blutrache.

In den Gesetzen Ines ist zum ersten Mal im insularen Schrifttum der Name *Englisc mon* (englischer Mann) als Bezeichnung für einen Siedler kontinentaler Herkunft belegt. Die Bezeichnung ist schwer zu deuten, denn sie führt zurück auf den Angelnnamen, der in Wessex zur Zeit Ines als Bezeichnung für Leute unter dessen Kontrolle nicht gebräuchlich war. Vielleicht erklärt sich die Namengebung aus dem Umstand, dass Ines Gesetze nicht in einem Text des 7. Jahrhunderts überliefert sind, sondern als Anhang zu den Gesetzen König Alfreds aus dem späten 9. Jahrhundert. Es könnte daher sein, dass der Name *Englisc mon* aus dem Wortschatz des 9. Jahrhunderts in den Text der Gesetze Ines Eingang fand. Sicher aber ist, dass die Gesetze Ines die Gruppe der Siedler kontinentaler Herkunft in Wessex den «Wälschen» als britisch-keltischer Bevölkerungsgruppe gegenüberstellte, beide aber der Kontrolle König Ines unterwarfen. «Englische» wie «Wälsche» bildeten also Gruppen unterschiedlicher Identität, deren Beziehungen untereinander zu regeln waren. Nur in Wessex stellte sich am Ende des 7. Jahrhunderts diese Notwendigkeit.

Die Gesetze Ines verweisen somit auf den Wandel der ihnen zugrundeliegenden Rechtsauffassungen an der Wende zum

8. Jahrhundert. Der König war Herrscher über Land und den dort siedelnden Bevölkerungsgruppen kontinentaler und britisch-keltischer Herkunft. Das Königreich Wessex war fortan durch Handel über die Kanalküste hinweg mit dem Kontinent verbunden. Das war in London, York, verschiedenen Hafenorten in Kent sowie andernorts in Britannien nach Ausweis der archäologischen Funde ebenso der Fall – auch wenn schriftliche Quellen fehlen. Wie sich angelsächsische Rechtsauffassungen während des 8. und des größten Teils des 9. Jahrhunderts änderten, wissen wir nicht direkt aus den Quellen, da nach Beginn des 8. Jahrhunderts keine Bußbücher und weltliche Gesetzestexte erst wieder seit dem Ende des 9. Jahrhunderts überliefert sind.

III. Die angelsächsischen Königreiche in Britannien während des 8. Jahrhunderts

I. Wandlungen der Wirtschaftsformen

Handelsplätze und Handelsnetze. Als der hl. Willibald von Wessex aus zu einer Missionsreise auf den Kontinent wohl in den 720er Jahren aufbrechen wollte, begab er sich zu einem Ort an der Kanalküste. Sein Biograf nannte den Ort «jenes mercimonium, das Hamwih heißt». Was «jenes mercimonium» (Handelsplatz) für ein Ort war und wo er genau lag, blieb auf lange Zeit unklar, bis in den 1840er Jahren Arbeiter beim Bau der Eisenbahnlinie von London nach Southampton auf einer Grünfläche unweit der Küste seltsame Funde im Erdreich machten. Bald wurde klar, dass die Gegenstände Überreste handwerklicher Tätigkeit waren – Scherben von Töpferware, zerbrochene Werkzeuge und andere, nicht mehr verwendete Gegenstände des täglichen Lebens, kurz gesagt: Müll. Aber die Arbeiter förderten auch große Mengen von Knochen zu Tage, Überreste von Tierhaltung – letztlich wiederum Müll. Sie hatten Relikte einer frühgeschichtlichen Siedlung gefunden, deren Bewohner verschiedenen Handwerken nachgegangen waren, aber auch Handel betrieben und Haustiere gehalten hatten. Schnell verbanden Archäologen den Fundort mit dem von Willibalds Biograf überlieferten Ortsnamen Hamwih. «Jenes mercimonium», von dem aus Willibald auf den Kontinent aufgebrochen war, musste bereits an der Wende zum 8. Jahrhundert eine veritable Stadt mit Tierzüchtern, Handwerkern und Kaufleuten gewesen sein.

Ortsnamen mit dem Bestimmungswort *-wih* gerieten in Britannien früh außer Gebrauch, und Namen mit dem Bestimmungswort *-tūn* traten an ihre Stelle. Auf dem Kontinent, speziell in Nordeuropa, blieb das Bestimmungswort *-wih* (oder *-wic, -vik*) noch lange im Gebrauch und bezeichnete küstennahe Handelsplätze. Hamwih, das seinen Namen an Southampton weitergab, war für das Königreich Wessex das Tor zur Welt.

Archäologen haben seither viele solche Handelsplätze an den Küsten von Nord- und Ostsee sowie in den Mündungsgebieten von Flüssen nachgewiesen. Es waren Siedlungen, die im Zeitraum um 700 gegründet worden zu sein scheinen und von denen viele – wie Hamwih – an Plätzen ohne ältere städtische Siedlungstradition lagen. «Jenes mercimonium» Hamwih gehörte also in ein Netzwerk von Handels- und Gewerbeorten, zwischen denen regelmäßige Beziehungen bestanden. Das Netzwerk verband Hamwih, Lundenwic (an der Themse außerhalb des antiken London) und Euruic (aus älterem Eaforwic, auf dem Gebiet der Römerstadt York) mit Quentovic und Dorestad im Frankenreich, Haithabu auf der Jütischen Halbinsel, Birka im schwedischen Mälarsee und Truso (bei Elbing) an der Ostsee, um nur die wichtigsten zu nennen. Im 8. und 9. Jahrhundert wurde das Netzwerk dichter, die Siedlungen wuchsen, und die Handelsbeziehungen reichten bis nach Bagdad. Im Verlauf des 10. Jahrhunderts jedoch ging die Handels- und Gewerbetätigkeit zurück, und im 11. Jahrhundert waren die meisten Siedlungen aufgegeben.

Die archäologischen Funde warfen Probleme auf. Rimbert, der Biograf des hl. Ansgar aus dem 9. Jahrhundert, und Adam von Bremen in seiner Geschichte des Bistums Hamburg aus dem 11. Jahrhundert beschrieben Birka eher beiläufig. Haithabu und Truso fanden Erwähnung in zwei englischsprachigen Reiseberichten des ausgehenden 9. Jahrhunderts. Dorestad und Quentovic waren zunächst nur dem Namen nach bekannt. Lundenwic und York trugen zwar Namen, die antike Tradition fortführten; aber weder auf dem Gebiet des antiken London oder in seinem Umfeld noch auf dem Gebiet des antiken York stieß man bis in die 1960er Jahre auf Funde, die Archäologen mit den dort belegten *wih*-Orten verbinden konnten. Wie konnte es sein, dass bedeutende Siedlungen städtischen Charakters in der schriftlichen Überlieferung des 8., 9. und 10. Jahrhunderts so nachlässig behandelt worden waren? Die historische Forschung machte sich bis in die 1960er Jahre die Antwort einfach und behauptete schlicht, die Siedlungen seien weder Städte noch bedeutend gewesen. Dabei griff sie auf einen Stadtbegriff zurück, den sie von den Verfassungsformen oberitalienischer Kommunen des 11. und 12. Jahrhunderts ableitete. Diese hatten sich häufig als autonome oder nach Autonomie strebende Körperschaften aus Handwerkern und Kaufleuten konstituiert, die ihre Freiheit sehr liebten, wie Bischof Otto von Freising im 12. Jahrhundert klagte. Diese Körperschaften drängten sich auf engem Raum, meist an oder in der Nähe von Flüssen oder auf Anhöhen, bauten ihre Häuser aus Stein und grenzten sich gegen das landwirtschaftlich geprägte Umland mit Mauern ab. Viele von ihnen bildeten ihr eigenes Recht aus. Hamwih und die anderen *wih*-Orte, soweit sie bereits bekannt waren, wiesen keines dieser Merkmale auf. Die Gebäude waren nur in kümmerlichen Resten, wenn überhaupt, archäologisch nachweisbar, hatte man sie doch aus Holz oder anderen schnell vergänglichen Materialien erbaut. Zwar fanden Archäologen an der Westseite von Hamwih einen Wall. Aber der war nur aus Erde aufgeworfen, nicht aus Stein gebaut, und trennte mithin Hamwih nicht von seinem Umland ab. Die Tierknochen ließen auf Viehwirtschaft schließen, die die Bewohner neben ihren Gewerben betrieben zu haben schienen, sowie auf enge wirtschaftliche Beziehungen zum Umland. Schließlich fand man über Hamwih sowie auch Quentovic und Dorestad heraus, dass die dortigen Handelsplätze unter königlichem Recht gestanden, die Bewohner sich also nicht zu freien Kommunen zusammengeschlossen hatten. Hamwih konnte demnach, gemessen an den italienischen Stadtkommunen, keine Stadt gewesen sein.

Die eingehende archäologische Erforschung dieser Siedlungen hat jedoch seit den 1960er Jahren zu der Erkenntnis geführt, dass der Stadtbegriff der älteren historischen Forschung zu eng gefasst war. Die oberitalienischen Stadtkommunen des hohen Mittelalters repräsentierten nicht die Stadt schlechthin, sondern einen besonderen Typ, den das Streben seiner Bewohner nach Autonomie und Freiheit bestimmte. In anderen, älteren städtischen Siedlungen – oft Vorgängereinrichtungen der hochmittelalterlichen Stadtkommunen – spielten aber nicht die politischen Ziele der Bewohner die bestimmende Rolle, sondern der Markt – mithin der Ort, an dem Käufer und Verkäufer zum Austausch von Waren an bestimmten Tagen oder auch das ganze Jahr hindurch aufeinandertreffen konnten. Fand dieser Markt an einem besiedelten Ort statt, stand er ebenso wie die meisten landwirtschaftlich geprägten Dörfer in der Regel unter der Kontrolle eines Herrschaftsträgers, der die Regeln für den Marktbetrieb festlegte. Städte in diesem Sinn mussten also nicht gegen ihr Umland abgegrenzt sein. Sie brauchten auch keine reinen Handels- und Gewerbeorte zu sein; vielmehr konnten ihre Bewohner Landwirtschaft treiben und mit dem Umland durch Handel verbunden sein. Kurz: Hamwih und seine Partner im Handelsnetz des 8., 9. und 10. Jahrhunderts musste man zu den Städten zählen, dabei aber den Stadtbegriff weiter fassen. Hamwih stand unter der Kontrolle der westsächsischen Könige, so wie York unter nordhumbrischer und London unter ostsächsischer Kontrolle stand. Die Kaufleute, die König Ine von Wessex in seinen Gesetzen erwähnte, dürften zumeist in Hamwih und Umgebung tätig gewesen sein.

Herrscherliche Regelung und Förderung des Handels. Seit Ende des 7. Jahrhunderts erstreckte sich das Königreich Wessex über das Gesamtgebiet südlich der Themse westlich von Kent, Surrey und Sussex sowie östlich der Gebiete unter britisch-keltischer Kontrolle in Cornwall und Devon. Der westsächsische König Ine war viele Jahre lang in Kriege mit britisch-keltischen Königen verwickelt und konnte in diesen Kriegen offenbar seine Herrschaft nach Westen ausdehnen. Die heutigen Grafschaften Somerset und Dorset kamen unter westsächsische Kontrolle ebenso wie die britisch-keltischen Enklaven um Andover und Micheldever. Die Gründung von Hamwih an der westsächsischen Kanalküste – nach archäologischen Funden gegen Ende des 7. Jahrhunderts – war Bestandteil dieses Kolonisierungs- und Expansionsvorgangs, der das Königreich Wessex zum größten Herrschaftsgebiet südlich der Themse werden ließ. In derselben Zeit ist der Gruppenname der Westsachsen für die unter der Kontrolle der dortigen Könige stehenden Leute zum ersten Mal belegt.

Die Förderung von Handel und Gewerbe gehörte offenbar zur Politik der Konsolidierung und Expansion der Herrschaft um 700 nicht nur in Wessex, sondern auch anderswo in Britannien und auf dem Kontinent. Auch im Frankenreich und in den skandinavischen Königreichen blieben die entstehenden Städte der herrscherlichen Kontrolle unterstellt. Die Kaufleute unterwarfen sich den herrscherlichen Gesetzen und zahlten offenbar Abgaben. Es galt mithin der Grundsatz des vom König geregelten Handels. Insbesondere die Könige der Westsachsen, Ostsachsen, Nordhumbrier, Franken, Dänen und Schweden profitierten in der ersten Hälfte des 8. Jahrhunderts von den Handelserträgen.

Kaufleute und Kämpfer. Vereinzelte Hinweise in Schriftquellen dieser Zeit deuten gleichwohl darauf hin, dass die reisenden Kaufleute in Gruppen eingebunden waren, die zwischen den Herrschaftsbereichen der Markt- und Stadtherren nach eigenem Recht handeln konnten. Gelegentlich werden diese in Britannien und im Frankenreich auftretenden Fernhandelskaufleute als «Friesen» bezeichnet, also als Angehörige einer Gruppe mit politisch definierter Identität und Wohnsitzen an der kontinentalen Nordseeküste. Am Ende des 9. Jahrhunderts sind dann auch Dänen und Norweger als reisende Fernhandelskaufleute im Nord- und Ostseebereich belegt, während Fernhandelskaufleute aus dem Gebiet des heutigen Schweden im 9., 10. und 11. Jahrhundert die großen russischen Ströme befuhren und bis Bagdad gelangten. Im Gegensatz zur herrschaftlichen Regelung der Handelstätigkeit in den küstennahen Markt- und Gewerbeorten bestand zwischen den Königreichen so etwas wie ein rechtsfreier Raum – insbesondere auf dem offenen Meer. Da das Befahren des offenen Meers gefährlich war – nicht nur wegen der Unbilden der Witterung, sondern auch wegen der mangelnden herrschaftlichen Kontrolle –, waren die Kaufleute, die in diesem rechtsfreien Raum unterwegs waren, gezwungen, für ihre Sicherheit selbst zu sorgen. Das, so scheint es, legte ihnen nahe, nicht nur Handel zu treiben, sondern auch für den Kampf bereit zu sein. Die Fernhandelskaufleute werden kampferprobt gewesen und nicht selten als Krieger aufgetreten sein. Wahrscheinlich bezeichneten jene angelsächsischen Autoren, die über die gewaltsamen Umtriebe von Dänen und Norwegern in Britannien berichteten, mit dem Gruppennamen der *Wikinger* diese Krieger zugleich als bewaffnete Kaufleute.

Kirche und Wirtschaft. Ebenfalls an der Wende vom 7. zum 8. Jahrhundert schickte sich die katholische Kirche an, zunächst ihre Bistümer, dann auch die größeren Klöster einer strafferen zentralen Kontrolle zu unterstellen und sie in engere Beziehungen mit den weltlichen Herrschaftsträgern zu bringen. Dabei entwickelten sich die Vororte der Bistümer und die größeren Klöster bald zu Zentren von Handel und gewerblicher Produktion. Grundlage des wirtschaftlichen Wachstums in den kirchlichen Einrichtungen waren die Schenkungen, die wohlhabende adlige und königliche Herrschaftsträger machten. In der Regel übertrugen die Schenkenden Eigentumsrechte an Land an kirchliche Einrichtungen, die damit zugleich zu landwirtschaftlichen Produzenten wurden. Die Produktion diente unmittelbar der Versorgung der Mönche und Nonnen sowie der Bistumsbediensteten mit Lebensmitteln, darüber hinaus indirekt der Versorgung der Kirchen und Klöster mit Waren wie etwa Wachs, die man für den Gottesdienst und die klösterliche Lebensführung brauchte. Etwaige Überschüsse gingen in den Handel. Die den Kirchen und Klöstern übereigneten Ländereien bildeten keine geschlossenen Einheiten, sondern Streubesitz aus zunächst unterschiedlichen Rechtstiteln. Für diese stellten die Empfänger Urkunden aus, die als dauerhafte Bestätigungen der Rechtmäßigkeit der Eigentumsübertragungen dienen sollten.

Seit der Wende zum 8. Jahrhundert intensivierte die Schenkungspraxis die Beziehungen zwischen Königtum und Kirche. Jene Geistlichen, welche Urkunden in der Regel am Zentralort eines Bistums oder in größeren Klöstern ausfertigten, änderten einige Grundlagen der weltlichen Herrschaft, indem sie diese den Normen des Schriftverkehrs unterwarfen. Zumindest für die Beziehungen zwischen Königtum und Kirche hatte fortan das geschriebene Wort einen höheren Beweiswert als das gesprochene. Auch traten zunehmend häufiger Geistliche – insbesondere Bischöfe – in die persönliche Umgebung der Könige ein. Zugleich unterwarfen Bistümer und Klöster ihre größer werdenden Ländereien einer Wirtschaftsordnung unter zentraler Steuerung. Diese hatte das Ziel, die Produktion festgesetzter Erträge zu ermöglichen, damit die Versorgung der Kirchen und Klöster kontinuierlich sichergestellt war. An die Stelle kleinräumiger Wirtschaftsorganisation und pluralistischer Gruppenstrukturen des 6. und 7. Jahrhunderts traten fortan Regelsysteme, die auf die Königreiche insgesamt bezogen waren und diese miteinander durch Handel vernetzten. Dieser Handel zwischen den Königreichen diente – wie der Fernhandel – nicht mehr zur Befriedigung gelegentlicher, punktuell gegebener Nachfrage, sondern zur langfristig gesicherten Versorgung. Königtum und Kirche kooperierten zur herrschaftlichen Durchdringung der Königreiche als großräumige Territorien. Könige verschafften kirchlichen Einrichtungen Zugang zu wirtschaftlichen Ressourcen, und kirchliche Einrichtungen schufen den Königen eine neue Basis für die Legitimität ihrer politischen Entscheidungen.

2. *Wandlungen der Glaubensvorstellungen*

Die neuen Heiligen. Derselbe Vorgang der Verstetigung betraf auch die innerkirchlichen Vorstellungen vom rechten Glauben und von angemessener Lebensführung. Er lässt sich am einfachsten am Wandel des Bilds von den katholischen Heiligen ablesen. Die Heiligen des 7. Jahrhunderts waren entweder Missionare, die scheinbar unüberwindlichen Widerständen getrotzt hatten, um die katholische Glaubenslehre zu verbreiten. Oder sie waren Könige oder Angehörige königlicher Dynastien, die gegen ähnlich starke Widerstände zu Förderern des Katholizismus geworden waren und dafür, so die kirchliche Überlieferung, mitunter sogar mit ihrem Leben bezahlt hatten. Dieser Typus der umtriebigen, kraftvollen, Bedrohungen gegen Leib und Leben unerschrocken überwindenden Glaubensboten und Glaubensbotinnen wurde unter den im 8. und 9. Jahrhundert neu als Heilige verehrten Personen seltener. An seine Stelle trat ein der Welt entrückter Einsiedler, wie etwa der hl. Guthlac (gestorben 714), oder ein sittenstrenger Bischof, wie der hl. Bonifatius (gestorben 754). Selten nur mehr gelangten Frauen und noch seltener Könige zu Heiligenwürden. Zu ihnen zählte der Märtyrer Æthelbert von Ostanglien, der im Jahr 794 angeblich von König Offa von Merzien ermordet wurde, und der Märtyrer Edmund von Ostanglien, der im Jahr 870 im Kampf gegen die Wikinger fiel. (Bei Edward dem Märtyrer hingegen ist die Ursache seines Todes im Jahr 978 unklar. Er könnte an einem profanen Reitunfall verstorben sein.)

Die bald nach dem Tod Guthlacs niedergeschriebene Biografie des Heiligen ist exemplarisch für diesen neuen Typ. Guthlac entstammte offenbar einem Zweig der merzischen Königsdynastie, der nicht zur Herrschaft gelangte. Guthlac erlangte zwar Kenntnis von den kriegerischen Tätigkeiten seiner Vorfahren, zeigte sich aber über deren Grausamkeit tief beschämt. Seine Vorfahren hatten, so schien es Guthlac nach dem Zeugnis seines Biografen, für Eitelkeiten und Sucht nach leerem Ruhm das Leben anderer Menschen vergeudet. Der Heilige wollte nicht Träger solch kriegerischen Erbes werden, trennte sich von seiner

Verwandtengruppe, trat in den Schutz der Kirche und widmete dieser sein Leben. Seine Schwester Pega folgte ihm und stieg gleichfalls zur Heiligen auf.

Solche Heiligen verkörperten gewissermaßen «innere» Werte – so die Unterwerfung unter die Strenge kirchlicher Disziplin, Opferbereitschaft, Machtverzicht, gelegentlich auch die Bereitschaft, um des Glaubens willen den Tod zu erleiden. Die Glaubensbotinnen und Glaubensboten der katholischen Kirche des 8., 9. und 10. Jahrhunderts sollten für die Tiefe des Glaubens werben, nicht mehr mit der Zahl der neu für den Katholizismus gewonnenen Seelen. Nachdem das Gebiet der Siedler kontinentaler Herkunft in Britannien flächendeckend in Bistümer aufgeteilt war, galt als das neue Ziel geistlichen Wirkens nunmehr die Durchdringung des Lebens der Gläubigen mit den Morallehren der katholischen Kirche. Diesem Ziel widmete sich die höhere Geistlichkeit auf ihren Synoden und in ihren Mahnschreiben. Diese richteten führende Geistliche einerseits an Träger weltlicher Herrschaft, die vom Pfad christlicher Tugend abgewichen zu sein schienen, andererseits an Glaubensschwestern und -brüder, damit sie in ihrem Dienst an der Kirche nicht nachließen. Erzbischof Wulfred von Canterbury widmete im Jahr 816 eine Synode den Problemen der aus seiner Sicht mangelnden Disziplin in den Eigenklöstern unter der Kontrolle weltlicher Herrschaftsträger. Die Synode beschloss, dass Bischöfe Äbte nur mit Zustimmung der Klostergemeinde ernennen sollten und dass klostereigenes Land höchstens ein Leben lang in den Besitz von Privatpersonen übertragen werden durfte. Ziel der Reform war es, den Einfluss weltlicher Herrschaftsträger auf die Klostergemeinden in Kent einzuschränken.

Bonifatius und das gottgefällige Leben. Der aus Wessex gebürtige und mit der dortigen Geistlichkeit eng verbundene, jedoch hauptsächlich auf dem Kontinent wirkende Winfrith, der sich Bonifatius nannte, ging mit manchen seiner Zeitgenossen hart ins Gericht, wenn er deren Lebenswandel als unangemessen empfand. Besonders schwer waren die Vorwürfe, die er gegen Æthelbald, den König der Merzier (reg. 716–756), erhob.

Æthelbald sollte Kircheneigentum gestohlen, päpstliche Privilegien ignoriert, Zwangsarbeit in Klöstern eingeführt und mit Nonnen Unzucht getrieben haben. Bonifatius ermahnte in seinem länglichen Schreiben den König ausführlich, seine Lebensführung gründlich zu ändern. Er sei, ließ ihn Bonifatius wissen, nicht König geworden aufgrund eigener Vollkommenheit, sondern durch Gottes Ratschluss. Nur wenn er von seinem unsittlichen Treiben ablasse und sich von seiner üblen Lust reinige, könne er ewigen Höllenqualen entgehen.

Über Æthelbald wissen wir aus anderen Quellen wenig. Zwar ist eine große Zahl an Urkunden überliefert, die in seinem Namen ausgestellt wurden. Sie zeigen aber einen Herrscher, der kirchlichen Dingen und Einrichtungen durchaus zugeneigt war. Der König war offenbar durch militärische Gewalt zur Herrschaft gelangt, die zuvor ein anderer Zweig der merzischen Dynastie innegehabt hatte. Auch nahm er, was Bonifatius noch nicht wissen konnte, ein gewaltsames Ende und wurde durch einen Widersacher ermordet. Æthelbald war indes als König in Merzien anerkannt. Die merzischen Königslisten führten seinen Namen. Die Kritik des Bonifatius scheint daher nicht merzischem Widerstand gegen Æthelbalds Herrschaft entsprungen zu sein. Aber vielleicht hatte Æthelbald Gegner in Nordhumbrien, die bei Bonifatius gegen ihn hetzten. Grund dafür könnte gewesen sein, dass Æthelbald mit militärischen Mitteln eine tatkräftige Politik der Durchsetzung merzischer Vorherrschaft in Britannien betrieb und dabei auch in Nordhumbrien eingriff. Bonifatius jedenfalls wählte Æthelbald aus, um an ihm ein Exempel zu statuieren: Gerade Könige sollten sich den moralischen Grundsätzen der katholischen Kirche unterwerfen.

Im Lauf des 8. Jahrhunderts empfanden ordinierte Mönche und Nonnen den Einfluss von Laienbrüdern und -schwestern, zumal in den Eigenklöstern weltlicher Herrschaftsträger, zunehmend als hinderlich. Bonifatius selbst ließ es sich nicht nehmen, seine zahlreichen Schreiben an andere Geistliche mit Mahnungen zu versehen und seine Mitbrüder und -schwestern aufzufordern, in ihren Bemühungen um eine gottgefällige Lebensführung nicht nachzulassen. Seine Mitbrüder und -schwestern erwiderten diese Mahnungen. So entstanden regelrechte Netzwerke von wechselseitigen Mahnbeziehungen, Zeichen der freundschaftlichen Verbundenheit durch Demonstrationen mahnender Fürsorge. Anders als die Missionare des 7. Jahrhunderts trieb die Geistlichen des 8. Jahrhunderts die Angst um, den Anforderungen an eine gottgefällige Lebensführung allein und aus eigenen Kräften nicht gerecht werden zu können. Auch Abt Alkuin von St. Martin in Tours folgte mit seinem kritischen Schreiben an seine Abtsbrüder in Nordhumbrien dieser Sitte am Ende des 8. Jahrhunderts. Er setzte das Bild des sündigen, schwächlichen und unvollkommenen Menschen gegen das ältere Ideal des Handelns mit festem Willen. Nach der neuen christlichen Dogmatik des 8. Jahrhunderts sollte die Furcht vor dem zürnenden Gott das Leben der Gläubigen, insbesondere der Geistlichen, leiten.

Einige Könige aus dem späten 7. und frühen 8. Jahrhundert gerieten ins Kreuzfeuer der Kritik geistlicher Autoren und entsagten der Macht und zogen sich in Klöster zurück. Beda schilderte König Cædwalla von Wessex als gewalttätigen Krieger und überlieferte mit dieser Schilderung Wahrnehmungen des westsächsischen Bischofs Daniel von Winchester, den er als seinen Gewährsmann nannte. Cædwalla dankte im Jahr 688 ab, drei Jahre nach seinem offenbar gewaltsamen Herrschaftsantritt, und zog sich nach Rom in ein Kloster zurück, wo er schließlich starb. Im Jahr 726 tat es ihm sein Nachfolger Ine von Wessex gleich. Auch er starb in Rom. In Essex dankte im Jahr 709 König Offa ab und ging zusammen mit König Cœnred von Merzien nach Rom, wo beide starben. Diese Könige wählten aus eigenem Entschluss ein Leben als Diener Gottes. Beda, der von den Eintritten ins Kloster berichtete, erwähnte die Vorgänge mit der Nüchternheit eines distanzierten Chronisten, obschon sie in seiner Lebenszeit stattfanden. Abgesehen von Cædwalla, dem er ein Epigramm widmete, enthielt sich Beda jeden Lobs für die abgedankten Könige. Der Macht zu entsagen scheint nicht zum Kanon jener Forderungen gehört zu haben, denen Könige aus der Sicht der Kirche zu folgen hatten. Die Entscheidung, ins Kloster zu gehen, war gewissermaßen private Glaubenssache.

Die Könige, die sich im späten 7. und frühen 8. Jahrhundert für ein Leben im Kloster entschieden, wurden keine Geistlichen, sondern unterwarfen sich als Laien der klösterlichen Disziplin. Von ihnen fand keiner Verehrung als Heiliger.

3. *Wandlungen der Herrschaftsformen*

Grundlagen der Herrschaft. Das Bedürfnis, zunehmend Kontrolle über die Bevölkerung auszuüben, galt für die Kirche nicht nur im Hinblick auf das Alltagsleben der Gläubigen und kirchliche Angelegenheiten, sondern gestaltete auch die weltliche Herrschaft um. Besonders deutlich wurde dies in Kent und Wessex an der Wende zum 8. Jahrhundert. Bis zum Ende des 7. Jahrhunderts bestanden die königlichen Dynastien, soweit Genealogien und Königslisten über sie Auskunft geben, aus vielen Zweigen, deren Angehörige um die Herrschernachfolge rivalisieren konnten. Die Zugehörigkeit zur Dynastie ergab sich aus dem Glauben, von einem gemeinsamen, namengebenden oder auf andere Weise die Gesamtheit der Dynastie repräsentierenden Vorfahren abzustammen. Anders gesagt: Wer glaubhaft machen konnte, von dem angenommenen gemeinsamen Vorfahren abzustammen, war grundsätzlich in der Königsherrschaft nachfolgeberechtigt. Die königlichen Dynastien bestanden also als Abstammungsgemeinschaften. Beda überlieferte den Namen der Oiscinge für die kentische, den Namen der Wuffingas für die ostanglische und den Namen der Gewissae für die westsächsische Dynastie. Der Biograf des hl. Guthlac fügte für die merzische Dynastie den Namen Iclingas hinzu. Die königlichen Dynastien in Kent, Merzien und Ostanglien konstituierten sich also als Gruppen der Abkömmlinge von Oisc, Icel und Wuffa. Doch der Name der Gewissae bereitet Deutungsprobleme. Obschon die westsächsischen Genealogien den Personennamen Giwis überliefern, scheint in diesem Fall jedoch der Personenname Giwis seinerseits vom Gruppennamen Gewissae abgeleitet worden zu sein. Denn im Gruppennamen Gewissae fehlt das Endglied *-ingas*, das in den Fällen der Namen der kentischen, merzischen und ostanglischen Dynastien den Glauben an die

Abkunft zum Ausdruck brachte. Für alle vier königlichen Dynastien bezeichneten die Namen primär Verwandtengruppen, die beispielsweise durch den Glauben, von Wodan abzustammen, privilegiert waren – nicht aber Gruppen von Herrschaftsträgern. Diese privilegierten Verwandtengruppen konnten jedoch zu Herrschaftsträgern aufsteigen, wenn sie unter den zu Beherrschenden Zustimmung zur Übernahme der Herrschaft fanden. Anders gesagt: Bis ans Ende des 7. Jahrhunderts erwuchs in Britannien königliche Herrschaft aus der Zustimmung der Beherrschten.

Dynastie und Herrschernachfolge. Die vertragsrechtliche Grundlage königlicher Herrschaft in Britannien verschwand an der Wende zum 8. Jahrhundert infolge kirchlichen Einflusses. Über den Vorgang selbst besitzen wir nur bruchstückhafte Informationen aus Kent und Wessex; das Resultat aber ist ersichtlich: Aus privilegierten Verwandtengruppen als Abstammungsgemeinschaften wurden Gruppen von Herrschaftsträgern in klar erkennbaren, wenn auch nicht durchweg durch genaue Grenzlinien getrennten Territorien, die jeweils zentral verwaltet wurden.

Den entscheidenden Hinweis auf den Vorgang der Änderung der Struktur der königlichen Dynastien gab wiederum Beda. An einer der wenigen Stellen seines Werks, in denen er über Wessex berichtet, erwähnt er eher beiläufig, die dortige königliche Dynastie habe einst Gewissae geheißen. Beda schrieb unter der für ihn selbstverständlichen Erwartung, dass die Gründe und Umstände des Namenswechsels seinen Zeitgenossen bekannt seien, und machte folglich keine weiterführenden Angaben. Insbesondere verzichtete er darauf, den Vorgang der Namensänderung zu datieren. Obschon wir somit nicht wissen, wann die Gewissae ihren Namen aufgaben, ahnen wir doch, dass dies nicht allzu lang vor der Niederschrift von Bedas Text geschehen sein wird. Denn sonst wäre Bedas Erwartung widersinnig, dass seinen Lesern der Vorgang ohne weitere Erläuterungen bekannt sein könne. Ebenso dunkel sind die Gründe, die zu der Namensänderung geführt haben könnten. Einer aber dürfte im Namen selbst stecken: Während Beda für die kentischen Oiscingas und die ostanglischen Wuffingas Erläuterungen bot und Ableitungen von Personennamen zu erkennen gab, überlieferte er den Namen der Gewissae ohne jeden Zusatz. Wahrscheinlich konnte er genauso wenig wie seine Zeitgenossen in Wessex und anderswo in Britannien den Namen der Gewissae erklären. Da dieser Name das Endglied *-ingas* nicht enthält, passt er überhaupt nicht in das Schema der Bildung von Gruppennamen und erscheint unvollständig, verkürzt, durch die Überlieferung verdunkelt. Es könnte also sein, dass die Gewissae ihren Gruppennamen aufgaben, da er nicht mehr verständlich war und deswegen nicht mehr als eine Art Ausweis dienen konnte, mit dem in Wessex die Zugehörigkeit zur königlichen Dynastie dokumentiert werden konnte.

Beda zufolge ersetzte die westsächsische königliche Dynastie den Namen Gewissae aber nicht durch einen Namen mit dem Endglied *-ingas*, sondern durch eine Herrschertitulatur, die auf den Namen jener Leute bezogen war, die im Königreich Wessex siedelten. Solche Titulaturen sind auch für andere Könige der Angelsachsen belegt. Beispielsweise titulieren Urkunden die Oiscingas als Könige der Kenter und die Iclingas als Könige der Merzier. Nur für Wessex identifizierte Beda also die Herrschertitulatur mit dem Namen der königlichen Dynastie, während er für die übrigen Dynastien die Gruppennamen neben den Titulaturen bestehen ließ.

In Wessex änderte die königliche Dynastie indes nicht nur irgendwann wohl gegen Ende des 7. Jahrhunderts ihren Namen, sondern in derselben Zeit auch die Kriterien, die die Fähigkeit zur Herrschaftsnachfolge bestimmten. König Ine hat wohl versucht, die Zahl seiner möglichen Nachfolger auf jene männlichen Angehörigen der Dynastie zu begrenzen, die seinem eigenen Zweig entstammten. Nach dem Ende seiner Herrschaft sollte mithin nicht mehr jeder männliche Angehörige der gesamten Dynastie als Nachfolger wählbar sein, sondern nur noch jemand, der seinem eigenen Zweig angehörte. Mit Hilfe dieses sogenannten Stammerbenprinzips sollte die königliche Dynastie verkleinert und die Zahl der Nachfolgekandidaten begrenzt werden. Auch sollte sie gegenüber anderen hochrangigen Verwandtengruppen in Wessex an Exklusivität gewinnen. Indem Ine versuchte, das Stammerbenprinzip als Grundsatz der Nachfolgeregelung einzuführen, strebte er danach, die königliche Dynastie als umfassende Abstammungsgemeinschaft aufzulösen. An deren Stelle sollte eine eng begrenzte Verwandtengruppe treten, die Wessex als einheitliches Gebiet und dessen Bewohner als Gesamtheit der Beherrschten kontrollierte. Der Versuch, die Grundsätze zur Bestimmung der Nachfolgefähigkeit zu ändern, kam einem Staatsstreich gleich. Königliche Herrschaft begriff Ine als gewissermaßen öffentliche Einrichtung, die über die private Sphäre der Angelegenheiten der einzelnen Haushalte gestellt sein sollte.

Königtum und Kirche. Ines Versuch der Änderung der Nachfolgeordnung für das Königreich Wessex scheiterte zunächst und für das weitere 8. Jahrhundert am Widerstand der Angehörigen der anderen Zweige der westsächsischen königlichen Dynastie, die Ine hatte von der Nachfolge ausschließen wollen. Die Verkleinerung der Verwandtengruppen als Abstammungsgemeinschaften war hingegen seit Beginn der Mission erklärtes Ziel der Familienpolitik der katholischen Kirche, die den Verwandtschaftsbegriff der römischen Antike weitertrug. Während des 6. und 7. Jahrhunderts stieß die katholische Kirche mit diesem Streben auf den entschiedenen Widerstand der Verwandtengruppen, die aus der Zahl ihrer Angehörigen und der Länge ihrer geglaubten Genealogie die hauptsächlichen Merkmale von Rang und Status zogen. An der Wende zum 8. Jahrhundert hingegen trafen sich die kurzfristigen Ziele Ines und seiner Gruppe mit den Langzeitzielen der katholischen Familienpolitik. König Ines Berater, Bischof Daniel von Winchester, war angetreten, wie sein jüngerer Zeitgenosse Bonifatius die katholischen Glaubenslehren energisch durchzusetzen. Auch bezeugte er Landschenkungsurkunden im Namen Ines zugunsten der westsächsischen Kirche. Aus der engen Zusammenarbeit zwischen Königtum und Kirche entstand an der Wende zum 8. Jahrhundert in Wessex das politische Programm für eine Art Staat, der gewissermaßen eine öffentliche Einrichtung darstellte. Dieses Programm setzten jedoch erst Ines Nachfahren und Nachfolger mit Beginn des 9. Jahrhunderts um. Der westsächsische Bistumsvorort Winchester stieg während dieses Vorgangs zum Zentralort des Königreichs Wessex auf. Die neue Zentrale kirchlicher und weltlicher Herrschaft lag in der Nähe des «mercimonium» Hamwih und war dadurch mit dem Fernhandelsnetz verbunden.

In Kent scheint der Wandel der Nachfolgeordnung gleichzeitig und in ähnlicher Weise abgelaufen zu sein wie in Wessex, auch wenn kein Namenswechsel für die königliche Dynastie bezeugt ist. Auch in Kent verfocht die höhere Geistlichkeit das Ziel, die Abstammungsgruppe der königlichen Dynastie durch Beschränkung der Nachfolgefähigkeit nach dem Stammerbenprinzip zu verkleinern. Auch in Kent traf sie damit auf den Zuspruch des an der Wende zum 8. Jahrhundert herrschenden Königs Wihtred, der wie sein Zeitgenosse Ine die Zahl der nachfolgefähigen Kandidaten für die kentische Königsherrschaft begrenzen und so Rivalitäten unter potentiellen Nachfolgern vermeiden wollte. In Kent ist dieser Versuch nur indirekt bezeugt. Er ist dennoch dank einer Kombination von Nachrichten über Angehörige der kentischen königlichen Dynastie nachvollziehbar, deren Namen weder in Königslisten noch in Genealogien aufscheinen. Es handelt sich um dieselbe Gruppe, der die zahlreichen, von Beda zumeist verschwiegenen Heiligen des 7. Jahrhunderts zuzuordnen sind. Denn diese Heiligen stammten ab von Eormenred, einem wohl nachgeborenen Sohn König Eadbalds von Kent. Eormenred selbst gelangte nicht zur Herrschaft. Zwei junge Prinzen, zu seinen Nachfahren zählend, sollen nach Überlieferungen des 11. Jahrhunderts einem Mordanschlag zum Opfer gefallen sein. Festtagskalender belegen ihre Verehrung als Märtyrer in Eigenklöstern der kentischen königlichen Dynastie. Offenbar versuchten die Nachfahren Eormenreds, während des 7. Jahrhunderts durch Förderung von Heiligenkulten ihren Einfluss auf die kentische Politik zur Geltung zu bringen.

Die Spannungen innerhalb der kentischen königlichen Dynastie nahmen nach dem Versuch zur Ausschaltung eines rivalisierenden Zweigs gegen Ende des 7. Jahrhunderts zu. Es kam zu offenen Nachfolgekämpfen, sogar zu Interventionen von außen.

Herrscher anderer Königreiche, unter ihnen Cædwalla von Wessex, griffen in die Kämpfe ein und versuchten, sich selbst als Könige in Kent zu etablieren. Zeitweise war die Königsherrschaft in Kent geteilt. Erst Wihtred gelang es, die Herrschaft über Kent insgesamt in seiner Person wiederzuvereinigen. Wihtred kooperierte eng mit Erzbischof Berhtwald von Canterbury. Er verlieh der kentischen Kirche ein allgemeines, umfassendes Privileg zur Sicherung kirchlichen Grundeigentums und hob hervor, dass alle Schenkungen an kirchliche Eigner, die öffentlich vollzogen und in Urkunden niedergelegt seien, gültig bleiben sollten. Im Gegenzug unterstützte Erzbischof Berhtwald Wihtred in dem Bemühen, die königliche Dynastie zu verkleinern. Dennoch konnte auch Wihtred den Nachfolgestreit nicht vollständig beilegen. Noch zu seinen Lebzeiten klagte eine Nonne aus Kent in einem Schreiben an Bonifatius bitter über die Streitigkeiten in der kentischen Dynastie, schwieg aber zu Einzelheiten. Wie in Wessex vollzog sich also auch in Kent an der Wende vom 7. zum 8. Jahrhundert in Zusammenarbeit von König und Kirche der Wandel der Dynastie von der Abstammungsgemeinschaft zur Gruppe der Herrscher über das Land und dessen Bewohner. Auch in Kent hatte die Änderung über die Anfänge des 8. Jahrhunderts hinaus keinen Bestand. Anders als in Wessex kehrten die Nachfolger Wihtreds zur älteren kentischen Praxis der Herrschaftsteilung zurück. Kent geriet schon um die Mitte des 8. Jahrhunderts unter den Einfluss seiner mächtigeren Nachbarn Merzien und Wessex. Niemand konnte mithin Wihtreds Versuch der Errichtung einer Art von Staat im 9. Jahrhundert aufgreifen und weiterführen.

Das Königtum in Merzien. In Merzien wie auch in Ostanglien, über dessen Geschichte wir aus der Zeit nach Beda wenig wissen, blieben, wie es scheint, die königlichen Dynastien als privilegierte Abstammungsgemeinschaften aus verschiedenen Zweigen bis ins 9. Jahrhundert bestehen. In Merzien stand überdies eine große Vielfalt unterschiedlicher Titulaturen für die Könige in Gebrauch. Die merzische Königsherrschaft erstreckte sich offenbar bis ins 9. Jahrhundert über unterschiedliche Gruppen, die als Beherrschte in Merzien selbst, dessen Umgebung sowie mitunter sogar in anderen Königreichen wie etwa in Kent, in Ostanglien, im Gebiet der Hwicce westlich des merzischen Kerngebiets sowie in Lindsey nördlich und nordöstlich siedelten.

Wie die Expansion merzischer Herrschaft über das Mittelland zwischen Humber und Themse sowie zeitweise auch in Teilen des Südthemsegebiets ablief, bleibt für die Zeit nach Beda schwer verständlich. Denn für die merzische Geschichte nach Beda fehlen außer Urkunden, Genealogien und Königslisten zeitgenössische schriftliche Quellen. Zwar mangelt es nicht an archäologischen Funden, aber auch sie enthüllen wenig über militärische Strategien und konkrete politische Entscheidungen. Zunächst lassen die Genealogien erkennen, dass trotz zweier langer Herrschaftsperioden zwischen 716 und 757 sowie zwischen 757 und 796 die Rivalitäten der Zweige der königlichen Dynastie während des 8. Jahrhunderts wiederholt zu blutigen Kämpfen führten. Sie sind sowohl aus Anlass des Herrschaftsantritts Æthelbalds im Jahr 716 als auch Offas im Jahr 757 bezeugt. Beide Könige gehörten verschiedenen Zweigen der Dynastie an. Æthelbald scheint bei seinem Herrschaftsantritt Vorfahren Offas verdrängt zu haben. Die merzischen Königslisten verschweigen Æthelbalds direkten Nachfolger Beornred und lassen Offa unmittelbar auf Æthelbald folgen. Offa hingegen scheint bis zu seinem Tod im Jahr 796 unangefochten geherrscht zu haben. Sein Einfluss erstreckte sich zumindest zeitweise auf alle anderen angelsächsischen Königreiche. Er war Zeitgenosse Karls des Großen, mit dem er Korrespondenz pflegte.

Æthelbald erweiterte die Befugnisse der merzischen Könige, indem er die allgemeinen Grundsätze der Dienstpflichten der Beherrschten regelte. Dabei ließ er spezifizieren, welchen Dienstpflichten auch diejenigen Privilegierten nachzukommen hatten, die keine militärischen Pflichten zu erfüllen brauchten, da sie Geistliche waren. Æthelbald ordnete an, dass auch jene, denen keine üblichen militärischen Pflichten oblagen, Heerfolge im Verteidigungsfall zu leisten, Burgen – wohl Fluchtburgen – zu bauen sowie Brücken und Dämme zu errichten und instand zu halten hatten. Insbesondere die letztgenannte Pflicht lässt darauf schließen, dass die merzische königliche Verwaltung den Transport von Gütern in Friedenszeiten sowie von Kriegern und Kriegsmaterial in Krisenzeiten sicherstellen wollte. Æthelbald selbst verfügte über mindestens eine königliche Residenz in Tamworth, die er wiederholt aufgesucht zu haben scheint. Offa baute auf der von Æthelbald gelegten Basis auf und schuf ein Netz königlicher Residenzen im merzischen Kerngebiet. Einige, offenbar von ihm und Personen in seiner unmittelbaren Umgebung genutzte Gebäude sind in Northampton und Tamworth archäologisch nachgewiesen. Anders als die üblichen Wohnhäuser waren sie wie Kirchen überwiegend aus Stein gebaut, auch wenn sie profanen Zwecken dienten. Nicht nur kirchliche, sondern auch weltliche Herrschaft sollte nunmehr an außergewöhnlichen Bauwerken erkennbar sein, die über mehrere Generationen Bestand haben sollten. So wie Kirchengebäude Angehörige unterschiedlicher Gruppen zusammenführten, sollten derartige Residenzen Orte sein, an denen jene, die dort zusammenkamen, Belange von allgemeinem, öffentlichem Interesse beraten und entscheiden konnten. Nicht länger sollten die Könige als umherziehende Herrscher zu den Beherrschten kommen, sondern umgekehrt die Beherrschten zum Herrscher. Im Kloster Winchcombe ließ Offa zudem Abschriften der Urkunden, die in seinem Namen ausgefertigt worden waren, wie in einem königlichen Archiv zusammenführen. Auch umgaben sich Æthelbald und Offa mit einer Art Hofpartei aus loyalen adligen Landeignern, die die im Namen dieser Könige ausgefertigten Urkunden bezeugten und unterzeichneten, die mithin oft in ihrer Umgebung weilten. Unter Offa bildete die Hofpartei eine große Gruppe, während sie unter Æthelbald kleiner gewesen war. Zu Zeiten Offas bestand auch in Wessex eine solche kleine Hofpartei. Der Biograf Asser brachte im späten 9. Jahrhundert mit Offa ferner jenen Grenzwall in Verbindung, der Merzien von den westlich gelegenen Gebieten unter der Kontrolle britisch-keltischer Herrscher trennte. Offa gelang es schließlich, gegen den Widerstand des Erzbischofs von Canterbury Papst Hadrian die Zustimmung zur Errichtung einer dritten Erzdiözese neben Canterbury und York am merzischen Bistumsvorort Lichfield abzuhandeln. Mit dem neuen Erzbistum sollte die merzische Kirche ihre eigenständige Organisation erhalten, das Königreich Merzien mithin fortan nicht nur als Territorium erscheinen, das der ausschließlichen Kontrolle der merzischen Könige unterstellt war, sondern auch als kirchliche Einheit.

Offa hatte seinen Sohn Ecgfrith schon zu Lebzeiten zum Mitkönig erheben lassen. In der Tat folgte Ecgfrith ohne Schwierigkeiten seinem Vater im Jahr 796, verstarb aber wohl bereits 141 Tage später. Die merzischen Genealogien führen den seltenen Hinweis auf diese Tageszahl, wohingegen üblicherweise lediglich Herrschaftsjahre angegeben sind. Auf den ersten Blick rechtfertigt die Kürze der Herrschaft Ecgfriths einen solchen Hinweis; doch verzeichnen einige Handschriften eine abweichende Tageszahl. Nicht allen Genealogienschreibern war also das exakte Datum des Tods Ecgfriths bekannt. Trotz dieser Unsicherheit hinsichtlich der Zahl der Tage von Ecgfriths Herrschaft schien es den Schreibern mithin wichtig, die Kürze der Zeit hervorzuheben, die Ecgfrith nach Offas Tod beschieden war. Es scheint somit, als hätten die Autoren der Genealogien den Eindruck vermitteln wollen, dass Ecgfriths früher Tod unerwartet eintrat und schwerwiegende Folgen zeitigte. Jedenfalls endete mit dem Tod Ecgfriths abrupt die Zeit der merzischen Vorherrschaft in Britannien, ohne dass sich in Merzien staatliche Institutionen hätten ausbilden können. Die Vorherrschaft der merzischen Könige blieb an die Personen einzelner Herrschaftsträger gebunden. Der Erzbischof von Canterbury kassierte das Erzbistum Lichfield nach dem Tod Ecgfriths. Der Hof der merzischen Könige zerfiel im neu aufbrechenden Konflikt rivalisierender Zweige der Dynastie, die gegen die Wikinger keine wirksame Verteidigung aufbieten konnten. Die Residenzen, die Offa hatte bauen lassen, verfielen ebenso wie manche Klöster und Kirchen, insbesondere in Ostanglien und dem Ostteil des merzischen Kerngebiets. Die Mönche von Winchcombe gaben ihr Kloster auf und damit die Schätze, die es bewahrt zu haben scheint, der Vernichtung preis. So geriet im Verlauf des 9. Jahrhunderts nach und nach der größte Teil des Herrschaftsgebiets Æthelbalds und Offas unter die Kontrolle der Wikinger, bis im

Jahr 883 oder bald darauf das merzische Königtum erlosch. Merzien widerfuhr damit ein ähnliches Schicksal wie den meisten anderen angelsächsischen Königreichen. Auch Nordhumbrien zerfiel unter den Angriffen der Wikinger, die York als ihr Zentrum für den Norden Britanniens bestimmten. Ebenso gerieten Ostanglien und Essex während des 9. Jahrhunderts unter wikingische Kontrolle. Über Sussex hatten schon an der Wende zum 8. Jahrhundert zunächst merzische, später westsächsische Könige ihre Oberherrschaft errichtet. In Kent hielt sich die königliche Dynastie der Oiscingas bis ins Jahr 825, als Kent unter westsächsische Oberherrschaft fiel.

Wahrscheinlich war der allmähliche Zerfall Merziens als Königtum während des 9. Jahrhunderts der Grund dafür, dass keine spezifisch merzische Geschichtsschreibung zustande kam, die über die merzische Vorherrschaft in Britannien hätte berichten können. Offa war wohl der bedeutendste Herrscher, der in Britannien zwischen der Mitte des 6. und der Mitte des 9. Jahrhunderts lebte. Aber seine Nachfolger kümmerten sich nicht um die Pflege seines Erbes. Nicht nur für Merzien, sondern auch für die anderen Königreiche der Siedler kontinentaler Herkunft in Britannien – außer Wessex – fand sich nach Beda und bis zum Ende des 9. Jahrhunderts niemand bereit oder in der Lage, deren Geschichte niederzuschreiben. Die Krise des 9. Jahrhunderts überstand allein Wessex. Denn nur dort führte die Zusammenarbeit von Königtum und Kirche zur nachhaltigen Ausbildung staatlicher Institutionen, die nicht zuletzt auch die Erinnerung an die Vergangenheit bewahren konnten. Für die Zeit nach Beda bestimmten folglich westsächsische Gelehrte des späten 9. und frühen 10. Jahrhunderts die Geschichtsschreibung der Angelsachsen.

4. Die Entstehung Englands

Öffentliche Pflichten. Zwischen dem späten 7. und dem frühen 9. Jahrhundert änderten sich mithin die Grundlagen der gesamten sozialen Ordnung der Angelsachsen. Bis zum Ende des 7. Jahrhunderts waren die Siedler kontinentaler Herkunft in Britannien Angehörige zumeist mehrerer Gruppen, die in Bereichen der Politik, der Wirtschaft und der weltlichen Rechtsprechung weitgehend autonom handelten und ihre eigenen Traditionen pflegten. An der Wende zum 8. Jahrhundert setzten Veränderungen ein, die bis zum Beginn des 9. Jahrhunderts eine neue soziale Ordnung hervorbrachten. Diese neue Ordnung gründete auf dem Begriff von Herrschaft als Kontrolle über das Land und dessen Bewohner. Dieser Begriff war wohl gegen Ende des 7. Jahrhunderts entstanden. Seit der Wende zum 8. Jahrhundert konstituierte er so etwas wie einen öffentlichen Raum, der für den weltlichen Bereich in herrscherlichen Residenzen und für den kirchlichen Bereich in den die Kirchengebäude umgebenden, nicht als Privatland bestimmten Kirchhöfen als allgemein zugänglichen, außerhalb der Kontrolle einzelner Gruppen stehenden Flächen bestand. Demgegenüber besaßen die Verwandtengruppen der Siedler Autonomie nur noch im Bereich der inneren Sphäre des eigenen Haushalts und des dazugehörigen Lands, die vom öffentlichen Raum getrennt war. Einige Könige unterwarfen den öffentlichen Raum Regeln, welche die Privatsphäre der Haushalte überwölbten. Ausdrücklich geschah dies zunächst nur in Merzien, wo König Æthelbald die allgemeinen, nicht durch Sonderprivilegien aufhebbaren Pflichten der Heeresfolge im Verteidigungsfall, des Burgen- sowie des Brücken- und Dammbaus festschrieb. Die Vorschrift fand im 9. Jahrhundert auch in Wessex Anwendung. Die Sicherung eines Gebiets unter herrschaftlicher Kontrolle gegen Angriffe von außen und die Sicherstellung, dass Wege im öffentlichen Raum begehbar und befahrbar zu halten waren, wurden zur allgemeinen und zur öffentlichen Pflicht.

Die Festschreibung bestimmter Aufgaben als öffentliche Pflichten setzte voraus, dass die Herrschaftsträger die Erfüllung dieser Pflichten überwachen konnten. Inwieweit die merzischen Könige diese Pflichten bereits während des 8. Jahrhunderts durchsetzen konnten, ist schwer zu bestimmen. Ein Angriff von außen ist vor dem Einsetzen der Wikingereinfälle im Jahr 793 nicht bezeugt. Als dann aber im 9. Jahrhundert Verteidigungsmaßnahmen gegen die Wikinger erforderlich wurden, versagten die Aufgebote der merzischen Könige. Auch ist über einen alle Teile Merziens erfassenden Burgenbau unter Kontrolle der Könige während des 8. und 9. Jahrhunderts nichts bekannt, auch wenn in Tamworth Reste von Befestigungsanlagen aus dieser Zeit archäologisch nachgewiesen sind. Erst in Wessex setzte am Ende des 9. Jahrhunderts König Alfred ein zentral gesteuertes Burgenbauprogramm um. Auch fehlen aus Merzien Belege dafür, dass der König überall im Königreich Brücken- und Dammbauprojekte befohlen und überwacht hätte. Vielmehr wurden Wahrnehmung und Umsetzung der Pflicht zum Brücken- und Dammbau wohl denjenigen überlassen, die in unmittelbarer Umgebung um einen Flussübergang siedelten. Es scheint also, als sei die Festschreibung eines Katalogs öffentlicher Pflichten in Merzien während des 8. Jahrhunderts schieres Programm geblieben, auch wenn es das Modell bildete für spätere vergleichbare Bestimmungen in Wessex. Für die unter Æthelbald zuerst schriftlich fixierten öffentlichen Pflichten blieb bis ins hohe Mittelalter der Rechtsbegriff der «Dreifachen Notwendigkeit» in Gebrauch, der Heerfolge, Burgen- sowie Brücken- und Dammbau umfasste.

Elemente von Staatlichkeit. Die königlichen Dynastien in Kent und in Wessex versuchten, Gebiete zu begrenzen, in denen sie exklusive Ansprüche zu besitzen vorgaben. Die dort siedelnden Gruppen sollten Untertanenverbände bilden, die unter der Herrschaft der jeweiligen Dynastie in Kent und in Wessex standen. Die dortigen königlichen Dynastien sollten als Gruppe nur von Stammerben Herrschaft tragen, so dass es seltener zu Rivalitäten unter konkurrierenden Zweigen der Dynastien und Interventionen von außen in Nachfolgestreitigkeiten kommen würde. Die kentischen und westsächsischen Reformen an der Wende zum 8. Jahrhundert steigerten somit die soziale Distanz zwischen Herrschern und Beherrschten und bestimmten Herrschaft als öffentliche Kontrolle über ein Territorium und einem Untertanenverband von Siedlern. Dieser Begriff von Herrschaft war geknüpft an die Errichtung von Institutionen, die Elemente von Staatlichkeit zeigen, freilich ohne genau dem zu entsprechen, was seit dem 19. Jahrhundert als Staat begriffen worden ist. Ein allgemeines Wort für diese Einrichtungen gab es im 8. Jahrhundert nicht. Statt eines allgemeinen Worts begnügten sich die Könige mit den Eigennamen der Kenter und Westsachen. Diese Namen ließen sie in ihre Titulaturen für die ihnen unterstellten Gruppen von Beherrschten aufnehmen.

Auch waren die Grenzen zwischen Kent, Wessex und den anderen Königreichen in dieser Zeit weder genau markiert noch irgendwo bewacht. Grenzen waren keine starren Linien, sondern bildeten Grenzräume – wie etwa der Weald of Kent im Westen des Königreichs oder Flüsse wie die Themse und der Humber. Die Zugehörigkeit von Siedlergruppen zu einem Königreich kam durch persönliches Bekenntnis zum Ausdruck.

Die Errichtung von Institutionen staatlicher Herrschaft scheiterte in Kent. In Wessex setzen sie sich erst im Verlauf des 9. Jahrhunderts durch. In Merzien blieb Herrschaft durch das ganze 8. Jahrhundert auf die beiden überragenden Persönlichkeiten Æthelbald und Offa konzentriert, so dass es nicht zur Ausbildung staatlicher Institutionen kam. Dennoch boten solche frühen Ansätze der Institutionalisierung von Herrschaft das Modell, das später in Britannien, aber auch auf dem Kontinent – nicht zuletzt im Frankenreich – aufgegriffen wurde. Vermittelt insbesondere durch den hl. Bonifatius, stieß das westsächsische Reformprojekt um die Mitte des 8. Jahrhunderts Wandlungen der Herrschaftsordnung im Frankenreich an, die dann sogar weitergingen als in Wessex – und nicht mit der Neubestimmung der königlichen Dynastie als Gruppe der Herrscher über das Land und dessen Bewohner endeten, sondern sogar zur Ersetzung einer königlichen Dynastie durch eine andere führten. Dennoch blieb auch im Frankenreich die Errichtung eines Untertanenverbands unter der ausschließlichen Kontrolle der fränkischen Könige schwierig, zumal diese um die Mitte des 9. Jahrhunderts zur älteren Praxis der Herrschaftsteilung zurückkehrten. Noch in dieser Zeit bestanden im Frankenreich verschiedene Gruppen von Beherrschten, die mit dem König als Verwandte, Nachbarn oder Freunde verbunden sein konnten.

Militärische Bedrohung und innere Ordnung. Das frühe Einsetzen und die späte Umsetzung des Reformprojekts in Wessex werfen die Frage auf, warum sich gerade dort Institutionen staatlicher Herrschaft entwickelten, während sie andernorts in Britannien scheiterten. Auf den ersten Blick scheint die Antwort einfach: Nur den Königen von Wessex gelang die wirkungsvolle Verteidigung gegen die Wikinger im 9. Jahrhundert sowie deren Einbindung in westsächsische Herrschaft im Verlauf der ersten Hälfte des 10. Jahrhunderts. Doch diese Antwort lässt offen, warum gerade die westsächsischen Könige den Angriffen der Wikinger widerstehen konnten, andere Könige in Britannien jedoch nicht. Eine Begründung fällt schwer, da die westsächsische Perspektive die auf Beda folgende Überlieferung der Ereignisse des 8. und 9. Jahrhunderts prägte. Sie entstand in Kenntnis des militärischen Erfolgs über die Wikinger und der westsächsischen Herrschaft über alle Siedler kontinentaler Herkunft sowie einige britisch-keltische Gruppen. In dieser Perspektive erschienen die Könige Merziens und Kents und anderer Reiche als armselige Verlierer im Kampf gegen die Wikinger oder auch gegen die Westsachsen selbst. Kein Versuch, durch den verzerrenden Schleier dieser Überlieferung hindurch die Hintergründe und Ursachen des Aufstiegs der westsächsischen Könige zu ermitteln, vermag Klarheit zu schaffen. Das Hauptproblem bleibt die Bestimmung des Verhältnisses von Ursachen und Folgen: War der Umbau des Königreichs Wessex in ein staatliches Gebilde die Voraussetzung für den Erfolg über die Wikinger oder umgekehrt die Überwindung der Angriffe der Wikinger die Bedingung für die Genese eines Staats in Wessex?

Es gibt ein paar Indizien, die anzudeuten scheinen, dass die erstere Alternative mehr Wahrscheinlichkeit für sich hat. Diese Indizien stehen in Zusammenhang mit der das 9. Jahrhundert überragenden Gestalt König Alfreds von Wessex, der von 871 bis 899 die Herrschaft innehatte und noch immer «der Große» genannt wird. Der Kern der Berichte über Alfreds Kriege gegen die Wikinger besteht in der Behauptung, der König habe seine Gegner durch eine Kombination aus Bewegungskriegsführung und Bau fester Verteidigungsanlagen in Form von Fluchtburgen überwinden können. In den Berichten erscheinen die Wikinger hauptsächlich als Kriegergruppen, die Gewalt zum Zweck der Erpressung von Tributzahlungen seitens der landsässigen Bevölkerung in Wessex und anderswo in Britannien einsetzten. Bei erfolgreicher Erpressung sollen sie zunächst wieder abgezogen sein. Territoriale Eroberung auf Dauer oder auch nur längerfristige Besetzung scheint – diesen Berichten zufolge – nicht das vorrangige strategische Ziel der wikingischen Kriegergruppen gewesen zu sein –, und zwar auch dann nicht, als sie sich zu einem in den Berichten der Verteidiger sogenannten «Großen Heer» zusammenfanden, das über Jahre in Britannien operierte. Diesen Gruppen soll Alfred ein höchst mobiles Aufgebot an Verteidigern entgegengestellt haben, das bis in das Jahr 878 erfolglos blieb, danach aber zunehmend erfolgreich die Wikinger in Kämpfe verwickelte. Nach diesen Berichten brauchte Alfred also einige Jahre, um mit seiner Taktik die nicht minder mobilen Wikinger zu stellen, zu überwinden, zum Übertritt zum Christentum und zur Ansiedlung zumal in Ostanglien und im westlichen Mittelland zu bewegen. Voraussetzung war diesen Berichten zufolge die Bereitschaft der aus Wessex und anderen Teilen Britanniens Aufgebotenen, Alfred auch nach mehreren Niederlagen die Heerfolge nicht zu verweigern. Alfred gelang es mithin, ein Heer zusammenzustellen, das ihm nicht nur auf der Basis persönlicher Bindungen ergeben und nicht nur in einer Schlacht oder in der Kampagne eines Jahres in der Erwartung eines schnellen Siegs für ihn zu kämpfen bereit war, sondern Land und Leute langfristig zu verteidigen und mit dem König gewissermaßen durch dick und dünn zu gehen. Diese Disziplin war noch in den 860er Jahren auch in Wessex keinesfalls selbstverständlich, hatten doch adlige westsächsische Krieger damals durchaus noch mit Wikingern paktiert. Alfreds Fähigkeit zu letztlich erfolgreicher Verteidigung von Land und Leuten ruhte also in der Durchsetzung der Pflicht zur Heerfolge im Verteidigungsfall nach dem Gebot der «Dreifachen Notwendigkeit».

Diese in den Berichten über die westsächsische Kriegführung gegen die Wikinger nur indirekt bezeugte Durchsetzung des militärischen Aufgebots im Dienst des Königs wurde in der

Folge unter Alfred und seinem Sohn Edward dem Älteren im Zusammenhang mit dem Bau von Fluchtburgen erweitert, wovon Schriftzeugnisse und archäologische Funde künden. Dabei handelte es sich um ein Netzwerk aus Verteidigungsanlagen, in die die landsässigen Siedlergruppen mit ihrer leicht beweglichen Habe sich zum Schutz vor Angriffen zurückziehen konnten. Angreifenden Wikingern war dadurch die Gelegenheit zum Erpressen von Tribut genommen. Der Burgenbau aber war ohne zentrale Verfügung und Leitung der Könige nicht denkbar. Er fand nicht nur auf westsächsischem Territorium statt, sondern auch in Kent, Sussex und im Mittelland. Er setzte also voraus, dass Alfred und Edward als Könige befugt waren, Anordnungen zum Bau und zur Erhaltung von Burgen überall zwischen der Kanalküste und dem Humberfluss zu treffen und durchzusetzen. Auch diese Befugnis war in Æthelbalds Festschreibung der «Dreifachen Notwendigkeit» vorgeprägt.

Insgesamt erscheinen die langfristig durchgehaltene, flexible Verteidigung durch mobile Aufgebote und der Bau sowie die Erhaltung von Fluchtburgen – auch dies längerfristige Maßnahmen – als Zeichen einer sich festigenden staatlichen Ordnung. Alfred bestimmte als Wirkungsbereich dieser Ordnung zunächst Wessex, Sussex, Kent und das westliche Mittelland. Das östliche Mittelland, Ostanglien und Essex klammerte er zunächst aus und ließ dort «dänisches» Recht gelten. Offenbar kamen die meisten Wikinger während des 9. Jahrhunderts aus Dänemark. Auch Nordhumbrien überließ er den Wikingern. Über das Südthemsegebiet übte Alfred selbst direkte Herrschaft aus, während das westliche Mittelland unter der Kontrolle eines nicht mehr als König, sondern als «Ealdorman» bezeichneten Amtsträgers namens Æthelred stand, der mit Alfreds Tochter Æthelflæd vermählt war. Æthelflæd, die als militärische Kommandantin gegen die Wikinger auftrat, führte die Verteidigung im merzischen Rumpfgebiet. Alfreds Sohn Edward herrschte nach dem Tod Æthelflæds im Jahr 918 direkt über Merzien und unterstellte auch das «dänische» Rechtsgebiet seiner Kontrolle.

Warum es Alfred möglich wurde, die Einhaltung der Gebote der «Dreifachen Notwendigkeit» in den Kämpfen gegen die Wikinger einzufordern, sagen die mitunter ausführlichen Berichte nicht; darin erscheint Alfred als allein maßgeblicher Entscheidungsträger. Die Fokussierung offenbar komplexer militärischer und politischer Abläufe auf die Person des Königs mag den Absichten, vielleicht auch der Wahrnehmung der wohl meist geistlichen Verfasser und Schreiber der Berichte entsprochen haben. Aber das bedeutet nicht, dass Alfred allein und ausschließlich kraft seiner eigenen Person die letztlich erfolgreiche Verteidigung gegen die Wikinger hätte initiieren und durchsetzen können. Vielmehr scheint es, als hätten die Entstehung von Institutionen staatlicher Herrschaft seit den Reformprojekten des ausgehenden 7. und frühen 8. Jahrhunderts sowie Æthelbalds Festschreibung der «Dreifachen Notwendigkeit» Alfreds Erfolg in der Verteidigung gegen die Wikinger im späten 9. Jahrhundert erst ermöglicht. Was diesem entstehenden Staat fehlte, war zunächst noch ein Name. Auch dieses Manko scheinen die Gelehrten in Alfreds Umgebung erkannt zu haben und machten einen Vorschlag: Sie setzten die Bezeichnung «Engla lond» in Umlauf, was Land der Angeln bedeutete. Damit brachten sie zum Ausdruck, dass Territorium und Bewohner zu einer einzigen, alle Unterschiede der Gruppen und Verschiedenheiten der Ränge in sich aufnehmenden, umfassenden Identität aller Nachfahren der Siedler kontinentaler Herkunft sowie einiger britisch-keltischer Gruppen, insbesondere im Südthemsegebiet verschmolzen waren. Dass die Herrscher über das Land der Angeln nach wie vor Könige der Westsachsen blieben, bestätigt nur, dass im Bewusstsein der Zeitgenossen schon des späten 9. Jahrhunderts die Namen der Sachsen und der Angeln austauschbar geworden waren. Der Name «Engla lond» klingt bis heute in der uns wohlbekannten Bezeichnung England fort.

Verzeichnis der wichtigsten Quellen

Adam von Bremen, Hamburgische Kirchengeschichte, hg. von Bernhard Schmeidler (Monumenta Germaniae Historica, Scriptores rerum Germanicarum in usum scholarum separatim editi 2) (Hannover 1917).

Adomnán von Hy, Life of Columba, hg. von Alan Orr Anderson und Marjorie Ogilvie Anderson (London 1961).

Ælfric, De falsis deis, VV 124, 142, in: ders., Homilies. A Supplementary Collection, hg. von John Collins Pope, Nr XXI, Bd. 2 (Early English Text Society, Original Series 260) (London 1968), S. 683–684.

Alkuin, Epistola Nr. 124, hrsg. von Ernst Dümmler, Epistolae Karolini aevi, Bd. 2 (Monumenta Germaniae Epistolae in Quart 4) (Hannover 1895), S. 183.

Anglo-Saxon Chronicle, Bd. 3: Ms A, hg. von Janet Margaret Bately (Cambridge 1986).

Asser, Vita Alfredi, hg. von William Henry Stevenson, Life of King Alfred (Oxford 1904) [Nachdruck, hg. von Dorothy Whitelock (Oxford 1959); Nachdruck des Nachdrucks (Oxford 1998)].

Beda, Historia ecclesiastica gentis Anglorum, hg. von Bertram Colgrave und Roger Aubrey Baskerville Mynors (Oxford 1969) [Nachdrucke (Oxford 1991; 2003)].

Bonifatius, Die Briefe des Heiligen Bonifatius und Lullus, hg. von Michael Tangl (Monumenta Germaniae Historica, Epistolae selectae 1) (Berlin 1916).

Dumville, David N., The Anglian Collection of Royal Genealogies and Regnal Lists, in: Anglo-Saxon England 5 (1976), S. 30–37 [wieder abgedruckt in: ders., Histories and Pseudo-Histories of the Insular Middle Ages (Aldershot 1990), Nr V].

Dumville, David N., The Tribal Hidage, in: The Origins of Anglo-Saxon Kingdoms, hg. von Steven Bassett (London und New York 1989), S. 225–230.

Felix, Vita sancti Guthlaci, hg. von Bertram Colgrave (Cambridge 1956) [Nachdruck (Cambridge 1985)]. Das altenglische Prosa-Leben des hl. Guthlac, hg. von Paul Gonser (Heidelberg 1909).

Gallikanische Chronik, hg. von Theodor Mommsen, Chronica minora saec[vlorum] IV. V. VI. VII, Bd. 1, in: Monumenta Germaniae Historica, Auctores antiquissimi 9 (Berlin 1892), S. 654, 660, 661 [neu ediert von Richard W. Burgess, The Gallic Chronicle of 452. The Gallic Chronicle of 511, in: Society and Culture in Late Antique Gaul, hg. von Ralph W. Mathisen und Danuta Shanzer (Aldershot 2001), S. 79–80, 97].

Gildas, De excidio et conquestu Britanniae, hg. von Michael Winterbottom, The Ruin of Britain and Other Works (Chichester 1978).
Liebermann, Felix, Hg., Die Gesetze der Angelsachsen, Bd. 1 (Halle 1913).
Rimbert, Vita Anskarii, hg. von Georg Waitz (Monumenta Germaniae Historica, Scriptores rerum Germanicarum in usum scholarum separatim editi 55) (Hannover 1884).
Schmitz, Hermann Joseph, Die Bussbücher und das kanonische Bussverfahren (Düsseldorf 1898).
Vita Willibaldi episcopi Eichstetensis, hg. von Oswald Holder-Egger, in: Monumenta Germaniae Historica, Scriptores, Bd. 15, Teil 1 (Hannover 1887), S. 96–106.
Vitae sancti Bonifatii archiepiscipi Moguntini, hg. von Wilhelm Levison (Monumenta Germaniae Historica, Scriptores rerum Germanicarum in usum scholarum separatim editi 57) (Hannover 1905).
Whitelock, Dorothy, Hg., English Historical Documents. c. 500–1042 (London 1955).
Widsith, hg. von Kemp Malone (Kopenhagen 1962) [zuerst (London 1936)].
Wilhelm von Malmesbury, De antiquitate Glastonie ecclesie, hg. von John Scott, The Early History of Glastonbury (Woodbridge 1981).

Literaturauswahl

Barlow, Frank, Martin Biddle, Olof von Feilitzen und Donald J. Keene, Winchester in the Early Middle Ages (Oxford 1977).
Brachmann, Hansjürgen, und Joachim Herrmann, Hg., Frühgeschichte der europäischen Stadt (Berlin 1991).
Brooks, Dodie A., The Case for Continuity in Fifth-Century Canterbury Reexamined, in: Oxford Journal of Archaeology 7 (1988), S. 99–114.
Bruce-Mitford, Rupert Leo Scott, Aspects of Anglo-Saxon Archaeology (London 1974).
Capelle, Torsten, Archäologie der Angelsachsen (Darmstadt 1990).
Carver, Martin Oswald Hugh, Sutton Hoo. A Seventh-Century Princely Burial and Its Context (London 2005).
Clarke, Giles, The Roman Cemetery at Lankhills (Oxford 1979).
Classen, Peter, Kaiserreskript und Königsurkunde (Thessaloniki 1977).
Dark, Ken R., Civitas to Kingdom. British Political Community. 300–800 (Leicester und New York 1994).
Fulford, Michael Gordon, The Silchester Amphitheatre. Excavations of 1979–85 (London 1989).
Härke, Heinrich, «Warrior Graves»? The Background of the Anglo-Saxon Weapon Burial Rite, in: Past and Present 126 (1990), S. 22–43.
Hamerow, Helena, Excavations at Mucking, Bd 2 (London 1993).

Hansen, Inge Lyse, und Chris Wickham, Hg., The Long Eighth Century. Production, Distribution and Demand (Leiden, Boston und Köln 2000).

Hawkes, Sonia Chadwick, und Gerald Clough Dunning, Soldiers and Settlers in Britain. Fourth to Fifth Century, in: Medieval Archaeology 5 (1961), S. 1–70 [deutsche Fassung in: Bericht der Römisch-Germanischen Kommission 43/44 (1962/63), S. 155–231].

Hawkes, Sonia Chadwick, Eastry in Anglo-Saxon Kent, in: Anglo-Saxon Studies in Archaeology and History 1 = British Archaeological Reports. British Series 72 (1979), S. 81–113.

Hawkes, Sonia Chadwick, und Mark Pollard, The Gold Bracteates from Sixth-Century Anglo-Saxon Graves in Kent, in: Frühmittelalterliche Studien 15 (1981), S. 316–370.

Hawkes, Sonia Chadwick, und Guy Grainger, The Anglo-Saxon Cemetery at Finglesham, Kent (Oxford 2006).

Higham, Nicholas J., Rome, Britain and the Anglo-Saxons (London 1992).

Higham, Nicholas J., The Conquest of Britain (Manchester und New York 1994).

Hills, Catherine, Origin of the Anglo-Saxons (London 2003).

Hodges, Richard, und Brian Hobley, Hg., The Rebirth of Towns in the West A. D. 700–1050 (London 1988).

Hodges, Richard, und William Bowden, Hg., The Sixth Century. Production, Distribution and Demand (Leiden, Boston und Köln 1998).

Hooper, Nicholas: The Aberlemno Stone and Cavalry in Anglo-Saxon England, in: Northern History 29 (1993), S. 188–196.

Jankuhn, Herbert, Walter Schlesinger und Heiko Steuer, Hg., Vor- und Frühformen der europäischen Stadt im Mittelalter, 2 Bde. (Göttingen 1973).

Kleinschmidt, Harald, Migration und Identität. Studien zu den Beziehungen zwischen dem Kontinent und Britannien vom 5. bis zum 8. Jahrhundert (Ostfildern 2009).

Leeds, Edward Thurlow, The Archaeology of the Anglo-Saxon Settlements (Oxford 1913) [Nachdruck, hg. von John Nowell Linton Myres (Oxford 1970)].

Leeds, Edward Thurlow, The West Saxon Invasion and the Icknield Way, in: History, N. S. 10 (1925), S. 97–109.

Leeds, Edward Thurlow, The Early Saxon Penetration of the Upper Thames Area, in: Antiquaries Journal 13 (1933), S. 237–238.

Leeds, Edward Thurlow, Early Anglo-Saxon Art and Archaeology (Oxford 1936) [Nachdruck (Oxford 1968)].

Naylor, John, Access to International Trade in Middle Saxon England, in: Close Encounters. Sea- and Riverborne Trade, Ports and Hinterlands, Ship Construction and Navigation in Antiquity, the Middle Ages and Modern Times, hg. von Marinella Pasquinucci und Tim Waski (Oxford 2004), S. 139–148.

Odenstedt, Bengt: The Inscription on the Undley Bractaete and the Beginnings of English Runic Writing (Umeå 1983).

Padberg, Lutz E. von, Mission und Christianisierung. Formen und Folgen bei Angelsachsen und Franken im 7. und 8. Jahrhundert (Stuttgart 1995).

Padberg, Lutz E. von, Bonifatius. Missionar und Reformer (München 2003).

Padberg, Lutz E. von, Christianisierung im Mittelalter (Darmstadt 2006).

Palmer, Ben, The Hinterlands of Three Southern English Emporia, in: Markets in Early Medieval Europe. Trading and «Productive» Sites. 650–850, hg. von Tim Pestell und Katharina Ulmschneider (Macclesfield 2003), S. 48–60.

Piroth, Walter, Ortsnamenstudien zur angelsächsischen Wanderung (Wiesbaden 1979).

Scharer, Anton, Die angelsächsische Königsurkunde im 7. und 8. Jahrhundert (Wien, Köln und Graz 1982).

Schulz, Knut, «Denn sie lieben die Freiheit so sehr». Kommunale Aufstände und Entstehung des europäischen Bürgertums im Hochmittelalter (Darmstadt 1992).

Scull, Christopher, Urban Centres in Pre-Viking England?, in: The Anglo-Saxons, hg. von John Hines (Woodbridge und San Marino 1997), S. 275–277, 281–282, 284–287.

Stoodley, Nick, The Origins of Hamwic and Its Central Role in the Seventh Century as Revealed by Recent Archaeological Discoveries, in: Central Places in the Migration and Merovingian Periods, hg. von Birgitta Hårdh und Lars Larsson (Stockholm 2002), S. 317–331.

Suzuki, Seiichi, The Quoit Brooch Style and Anglo-Saxon Settlement (Woodbridge 2000).

Vince, Alan, Saxon London (London 1990).

Register